HUNDE
Das Rätsel ihres Verhaltens und ihrer Sprache

Peter Messent

HUNDE

Das Rätsel ihres Verhaltens und ihrer Sprache

Vorwort von
Konrad Lorenz

Titelblatt: Dieser wundervolle Hund ist ein Magyar Vizsla, ein ungarischer Vorstehhund, der wahrscheinlich aus der ungarischen Bracke und dem gelben türkischen Jagdhund hervorgegangen ist. Er wird oft als Vielzweckhund eingesetzt, da er nicht nur sicher vorsteht, sondern auch sehr spursicher und wasserfreudig ist.

Die Originalausgabe erschien unter dem Titel »Understanding your Dog« bei Macdonald and Jane's Publishers Ltd., London
Text und Grafik: Peter Messent, Robert Morley, Moira Clinch, Corinne Molesworth
Übersetzung aus dem Englischen: Lydia L. Dewiel
Redaktion: S. Radszuweit

Lizenzausgabe für Manfred Pawlak Verlagsgesellschaft mbH, Herrsching

Printed in Italy
ISBN: 3-88199-329-0

Inhalt

Vorwort

Ein Buch, das durchaus wissenschaftlich ist und dennoch beim Leser keine Voraussetzungen macht. Sein Autor kennt seinen Gegenstand in- und auswendig und, was mehr ist, er kennt ebensogut die Menschen, die Hunde halten, er kennt all die vielfachen Varianten des Verhältnisses zwischen dem Herrn und dem Hund. Das wirkliche Ziel des Buches, obwohl das nirgends in klaren Worten umrissen wird, ist, jenes Verständnis zwischen Mensch und Hund herzustellen, das die Voraussetzung eines glücklichen Zusammenlebens ist.

Zur Erreichung dieses Zieles legt Messent zunächst eine sehr solide Grundlage in Form allgemeinen Wissens über Hunde. Er widmet ein sehr interessantes Kapitel der Geschichte des Haushundes, angefangen bei den hundsköpfigen Göttern Ägyptens. Er behandelt ausführlich die Art und Weise, in der sich verschiedene Hunderassen in verschiedener Richtung aus ihren wilden Ahnen entwikkelt haben, unter den verschiedenen Arten des Selektionsdruckes, der beabsichtigt oder unbeabsichtigt vom menschlichen Züchter ausgeübt wurde. Gerade in dieser Hinsicht enthält das Buch eine große Menge des Interessanten und Wichtigen, besonders auch in Beziehung auf die spezielle Nützlichkeit sogenannter Gebrauchshunde.

Er unterrichtet den Leser in ebenso leicht verständlicher wie reizvoller Weise über die Sinnesleistungen des Hundes, über die Art und Weise, wie der Hund seine Welt erlebt. In außerordentlich einfühlender Weise vermag der Autor sich in die Welt eines Lebewesens zu versetzen, dessen wichtigstes Sinnesorgan nicht wie bei uns Menschen das Auge, sondern vielmehr die Nase und daneben noch das Ohr ist. Peter Messent ist ein guter Ethologe und gibt eine gekonnte Darstellung der Instinktausstattung des Hundes. Er erzählt dem Leser sehr viel über die erblich verankerten Eigenschaften des Hundes, die gewissermaßen »Hunderechte« sind und mit denen der Hundebesitzer sich einfach abfinden muß, wenn er keine Grausamkeiten begehen will. Bei aller wissenschaftlichen Objektivität dieser Darstellung macht Messent keineswegs ein Geheimnis aus der Tatsache, daß der größte Wert des Hundes in der Liebe liegt, mit der er an seinem Herrn hängt. Seine Darstellung der Charaktereigenschaften bei verschiedenen Rassen wird sicher vielen Menschen eine Hilfe sein, die vor der Entscheidung stehen, von welcher Rasse sie sich ein Hundekind anschaffen wollen.

Eine der wichtigsten Aufgaben, die das Buch meistert, ist die Anleitung für die »Sozialisation« des jungen Hundes, die nötig ist, um ihn harmonisch in den menschlichen Haushalt einzufügen. Ebenso aber auch die Anleitung für die Menschenfamilie, wie sie sich zu verhalten hat, um harmonisch mit einem Hund zu leben. Messent gibt ausgezeichnete praktische Anleitungen für die Erziehung des jungen Hundes, und er beschreibt mit gebührender Betonung die üblichen Fehler, die von den allermeisten Leuten bei der Hunde-Erziehung gemacht werden. Er betont vor allem, daß Belohnung oder Strafe überhaupt keine Wirkung haben, wenn sie nicht unmittelbar nach dem gewünschten oder verbotenen Verhalten des Hundes einwirken. Sehr viele von Messents schlauen Strategien der Hundedressur waren mir beim Lesen seines Buches völlig neu, der ich in den letzten 65 Jahren nie ohne Hund gewesen bin.

Gegenseitiges Verständnis und Vertrauen zwischen Mensch und Hund ist sicherlich die wichtigste Voraussetzung für das glückliche Zusammenleben beider. Die Zeichensprache des Hundes ist aufs genaueste beschrieben und analysiert, und dieser Teil des Buches kann tatsächlich als der schönste und wichtigste gelten. Es ist einer tiefen philosophischen Betrachtung wert, ja beinahe ein Wunder, wie gut zwei Arten von Lebewesen einander verstehen können, von denen die eine auf nichtverbale Ausdrucksbewegungen und Laute angewiesen ist, während die andere, im Besitz verbaler Sprache, die Fähigkeit zu dieser Art von Kommunikation weitgehend verloren hat. Jeder einigermaßen hundeverständige Mensch wird wissen, wie erstaunlich entwickelt die Fähigkeit des Hundes ist, kleinste Intentionsbewegungen und unbewußt gegebene Zeichen zu verstehen und daraus Absichten seines Herrn richtig zu interpretieren.

Außerordentlich verdienstvoll ist, was Messent über den Erziehungswert der Hundehaltung für den Menschen sagt. Es ist völlig richtig, daß es höchst wichtig ist, Menschenkindern schon sehr früh die Tatsache nahezubringen, daß es außer uns Menschen noch andere fühlende Wesen auf dieser Welt gibt. Dazu ist der Hund wie kein anderes Tier befähigt.

Wenn Peter Messent die gefühlsmäßigen Werte des Hundes stark herausstellt, verhindert ihn das keineswegs, alle praktischen Probleme der Hundehaltung gründlichst zu behandeln. Die Frage der richtigen Ernährung wird im Detail diskutiert, und der Predigt gegen kohlehydratreiche Ernährung und überhaupt gegen Überfütterung sollte mancher Hundefreund sein Ohr leihen.

Wohl der wichtigste Rat, den Messent uns gibt, ist, was wir tun sollen, wenn unser Hund stirbt. Es ist eine der Grausamkeiten dieser Welt, daß die Lebensdauer des Hundes um soviel kürzer ist als die des Menschen. Es ist eine unleugbare Tatsache, daß der Tod eines Familienhundes nahezu ebensoviel Trauer verursacht wie der eines Menschen, und es ist leider allzu voraussagbar, wann uns dieser Schmerz zuteil werden wird. Ich kenne Leute, die nach dem Tod ihres Hundes sich strikte geweigert haben, diesen Schmerz noch einmal auf sich zu nehmen. Dies ist indessen grundsätzlich falsch. Hunde, vor allem Hunde gleicher Rasse, sind einander immerhin sehr viel ähnlicher als menschliche Individuen, und ich kann Peter Messents Rat voll unterstützen, sich sofort nach dem Tode eines alten Hundes wieder ein Hundebaby anzuschaffen. Man wird finden, daß man sehr wohl imstande ist, die Liebe für den Verstorbenen auf den kleinen Nachfolger zu übertragen.

Konrad Lorenz, Altenberg

Die Abstammung des Haushundes

Der Hund war wahrscheinlich das erste domestizierte Tier, doch weiß man nichts Genaues über seine Herkunft. Im Laufe der Jahrtausende – seit der ersten Zähmung des Wolfes und des Gebrauchs der Hunde für die Jagd – hat sich eine enge Beziehung zwischen Mensch und Hund entwickelt. Heute ist der Hund nicht nur Arbeitskamerad des Menschen, sondern auch sein Freund, Begleiter und ein Mitglied der Familie.

Links: Der Wolf, *Canis lupus,* wird allgemein als Stammvater des domestizierten Hundes angesehen. Wenn er auch einen grimmigen und wilden Eindruck macht, ist er in Wirklichkeit scheu und meidet den Menschen, wann immer er kann.

Die Familie der Hunde

Der Haushund wird von der Wissenschaft als *Canis familiaris* bezeichnet und gehört mit 35 anderen Arten – wie z. B. dem Wolf, Schakal oder Fuchs – zur Familie der *Canidae.* Diese kommt – wild lebend – auf allen Kontinenten vor, mit Ausnahme der Antarktis. Einzige Ausnahme ist in Australien der Dingo, der einst ein Haushund war, jedoch dann verwilderte.

Die verschiedenen Arten der *Canidae* sind in den entgegengesetztesten Klimazonen vertreten: von der Wüste Sahara, der Heimat des Wüstenfuchses, bis zu den kalten nordischen Räumen, wo der Polarfuchs zu Hause ist. Wegen seiner Bindung an den Menschen ist der domestizierte Hund heute weiter verbreitet als jeder seiner wilden Verwandten. Allerdings ist er auch in bezug auf Nahrung und Obdach stark vom Menschen abhängig.

Dem domestizierten Hund nahe verwandt sind der Kojote, vier Arten des Schakals und die beiden Arten des Wolfes, der Gewöhnliche oder Graue Wolf und der Rote Wolf, der jedoch nur in Texas und Louisiana (USA) vorkommt.

Wölfe waren einst in den gesamten gemäßigten und subarktischen Zonen der nördlichen Hemisphäre vertreten. Heute ist ihre Verbreitung stark reduziert: sie verschwanden während des Mittelalters aus England und innerhalb unseres Jahrhunderts aus den meisten Teilen Europas und Nordamerikas. In Volksüberlieferungen und Legenden spielt der Wolf immer noch eine große Rolle und gilt allgemein als gefährliches Tier. Jüngere wissenschaftliche Untersuchungen über das Verhalten von Wölfen haben seine Fehlbeurteilung seit Jahrhunderten erwiesen. Tatsächlich ist der Wolf ein sehr geselliger und kooperativer Jäger, der sich meist nur von großen Wildtieren ernährt.

Der Hyänenhund und der Rothund (Indischer Windhund) jagen in Rudeln und können daher bedeutend größere Tiere als sie selbst töten. Andere Mitglieder der *Canidae* jagen in Paaren oder in Familien.

Die Verbreitung der bekanntesten Spezies

Kojote oder Präriewolf, *Canis latrans.* In Amerika das Gegenstück zum Schakal, jedoch mehr Abfallfresser als Raubtier.

Waldhund (Brasilianischer Buschhund), *Spethos venaticus.* Kleine Spezies, im Aussehen nicht hundeähnlich.

Genera dusicyon

Sechura Wüstenfuchs *Dusicyon sechurae*

Graufuchs *Dusicyon vetulus*

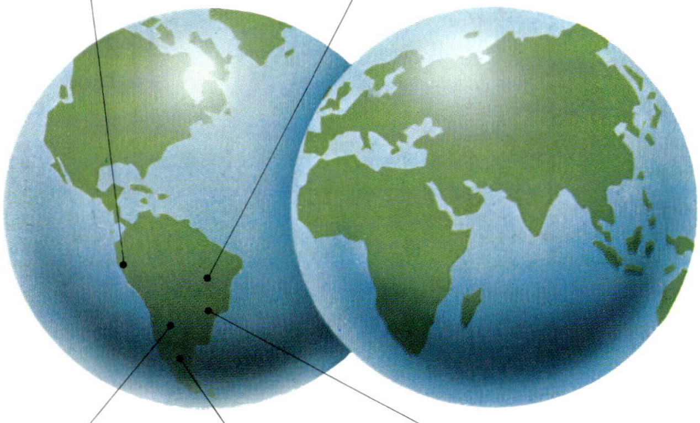

Culpeofuchs *Dusicyon culpaeus*

Argentinischer Graufuchs *Dusicyon griseus*

Azarafuchs *Dusicyon gymnocerus*

Genera canis

Rotwolf *Canis niger*

Äthiopischer Schakal *Canis simensis*

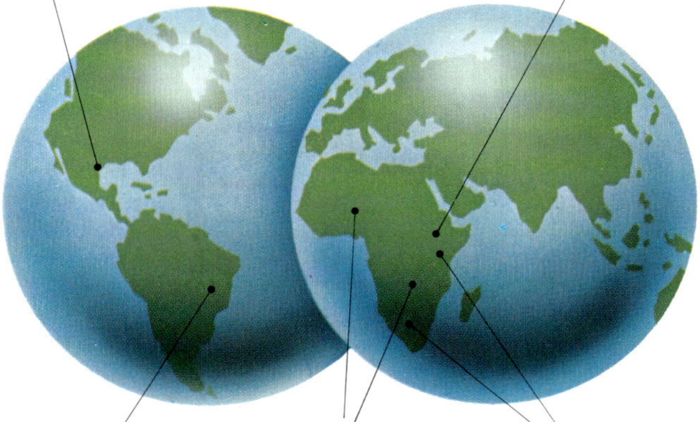

Mähnenwolf *Chrysocyon brachyurus*

Streifenschakal *Canis adustus*

Schabrackenschakal *Canis mesomelas*

Die Verbreitungsgebiete des Rotfuchses und Wolfes stimmen ungefähr überein. **Rotfuchs,** *Vulpes vulpes.* Die verbreitetste Spezies aller wilden Caniden. Obwohl von Natur aus ein Einzelgänger, hat er sich an die Gegenwart des Menschen gut gewöhnt. **Wolf,** *Canis lupus.* Heute nicht mehr häufig vertreten und in manchen Teilen ganz ausgestorben. Viele verschiedene Unterarten, die stark voneinander abweichen.

Polarfuchs, *Alopex lagopus.* Tritt im hohen Norden an die Stelle des Rotfuchses. Das dunkle Sommerfell wird im Winter weiß.

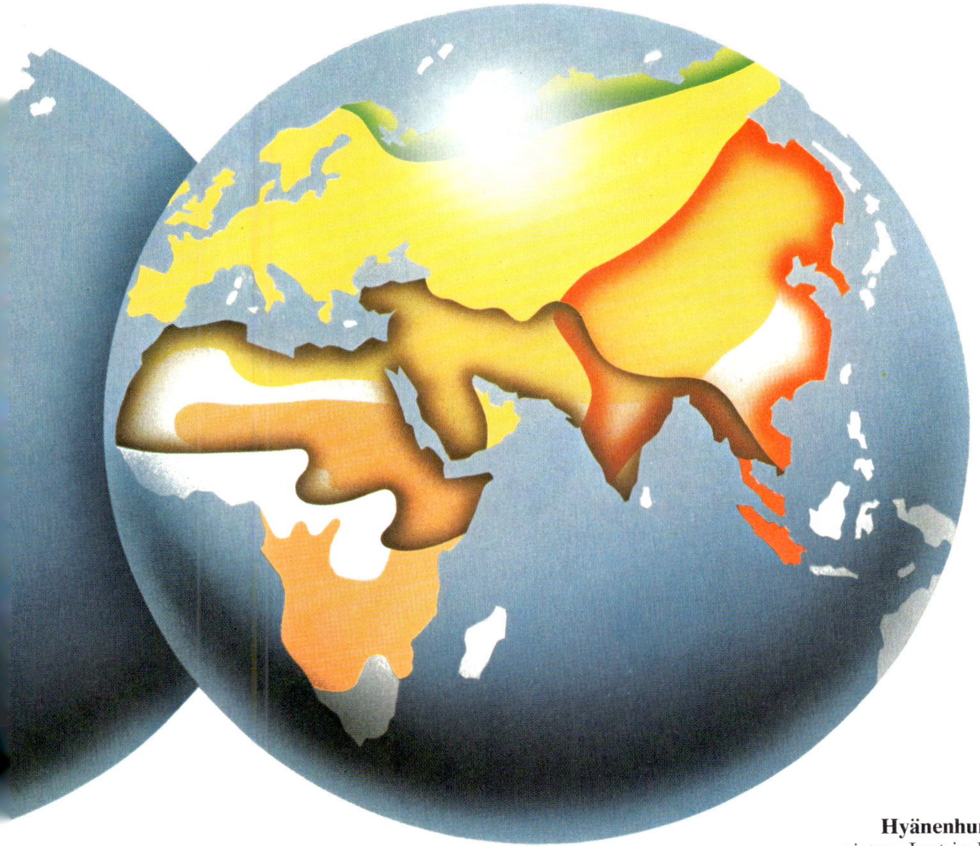

Goldschakal, *Canis aureus.* Nördlichste Spezies des Schakals, verbreitet in Nordafrika und dem Mittleren Osten. Von den Ägyptern als Gott Anubis verehrt.

Rothund (Indischer Windhund), *Cuon alpinus.* Jagt in Rudeln. Lebt in Waldgebieten. Geschichte nicht völlig bekannt.

Hyänenhund, *Lycaon pictus.* Jagt in Rudeln wie der Wolf. Vorkommen in einigen Habitaten Afrikas.

Genera vulpes

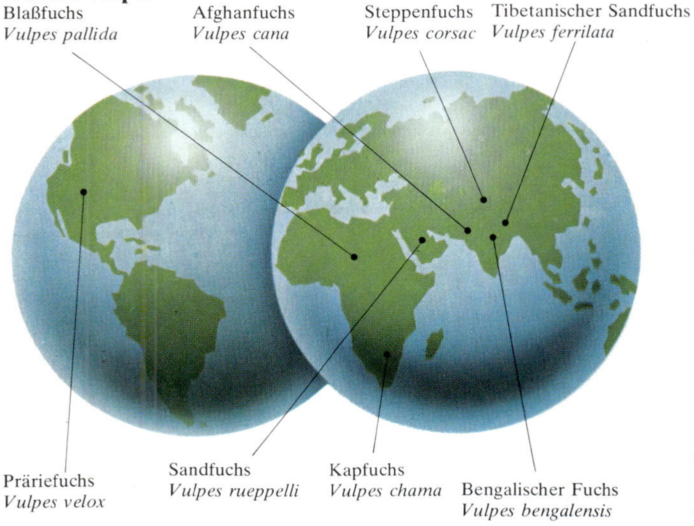

Andere Canidengattungen

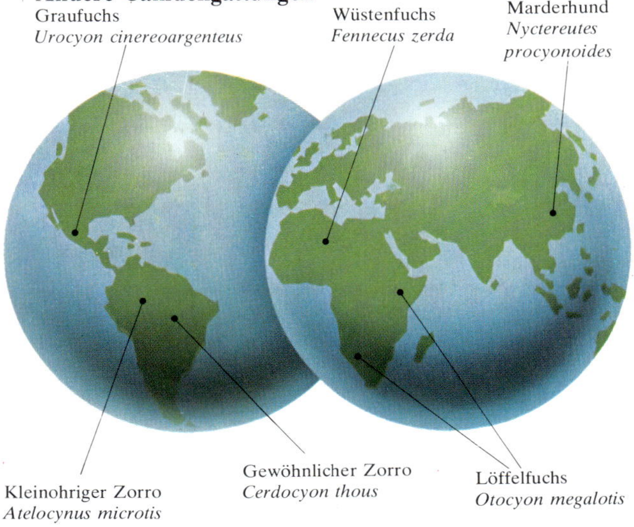

Der wahrscheinlichste Stammvater

Obwohl der Hund der beste Freund des Menschen ist und als solcher viel beobachtet und wissenschaftlich untersucht wurde, liegt seine Herkunft immer noch im Dunkel. Das kommt vor allem daher, daß der Hund schon vor mindestens 12 000 Jahren domestiziert wurde – nach Meinung mancher Forscher sogar bereits vor mehr als 15 000 Jahren. Wahrscheinlich war der Hund überhaupt das erste Tier, das domestiziert wurde.

Charles Darwin, der Begründer der modernen Entwicklungslehre, war der Ansicht, daß der Hund von mehr als einer Art wilder Caniden abstammt, unter anderem vom Wolf, vom Kojoten und verschiedenen Arten des Schakals. Diese Theorie wurde durch den bedeutenden zeitgenössischen Zoologen Konrad Lorenz dahingehend geändert, daß einige Rassen, wie der Chow Chow und der Husky, vom Wolf abstammen, während die meisten Rassen sich aus dem Goldschakal entwickelten. Lorenz hat diese Ansicht später geändert. Er glaubt zwar immer noch, daß der Hund mehrere Stammväter hat, aber er nimmt jetzt an, daß es die verschiedenen Rassen des Wolfes sind, die nach Größe und Farbe tatsächlich sehr voneinander differieren.

Eine weitere Schwierigkeit, mit einiger Sicherheit den Stammvater oder die Stammväter des Hundes zu bestimmen, liegt darin, daß es nur wenige wesentliche Unterschiede zwischen vielen der Caniden-Arten gibt, was ihre Anatomie, ihr Verhalten oder ihre Genetik betrifft. Tatsächlich hat sich erwiesen, daß Wolf, Kojote und Schakal unter gewissen Umständen sowohl miteinander als auch mit dem domestizierten Hund zu paaren sind. Darüber hinaus sind die daraus resultie-

Frühe Vorfahren: Darwins Ansicht

Darwin glaubte, daß der Hund durch eine Kreuzung verschiedener Arten von wilden Caniden entstanden sei. Diese heute unwahrscheinliche Theorie löst aber das Rätsel um die Abstammung des Hundes noch nicht.

Unten: Der Grauwolf war früher in ganz Europa verbreitet. Der Wolf wird heute als der wahrscheinlichste Stammvater des Hundes angesehen, da er ein sehr soziales Tier ist. Jüngste Versuche, Wölfe zu zähmen, deuten darauf hin, daß eine zahme Art entwickelt werden könnte.

renden Nachkommen – im Unterschied zum Maultier, einer Kreuzung zwischen Pferd und Esel – meist fruchtbar. Das ist nicht überraschend angesichts der Tatsache, daß die Chromosomen in den Zellen all dieser Arten fast identisch zu sein scheinen, wenn man sie unter dem Mikroskop untersucht.

Zugunsten des Wolfes als Stammvater des Hundes spricht, daß er – wie der Haushund und anders als der Schakal oder Kojote – ein sehr geselliges Tier ist. Im Jahr 1977 hat der Zoologe Bouquegneau darauf hingewiesen, daß der Schakal unter gewissen Umständen ein hundeähnliches soziales Verhalten zeigt und daher als möglicher Stammvater des Haushundes in Betracht kommt.

Eine ganz andere Theorie, für die allerdings im Augenblick wenig spricht, nimmt an, daß es in prähistorischer Zeit einen dingoähnlichen Hund gegeben hat, der in Europa und Asien lebte und von dem unser jetziger Haushund abstammt.

Das Rätsel um die Herkunft des Hundes ist noch nicht gelöst, doch nach allgemeiner Übereinkunft wird heute der Wolf als wahrscheinlichster Stammvater angesehen. Vermutlich hat sich jedoch der domestizierte Hund zu verschiedenen Zeiten mit verschiedenen Rassen des Wolfes gepaart und vielleicht auch mit dem Schakal, und dadurch sind einige der Variationen entstanden, die wir beim Haushund kennen. Die große Variationsbreite der Rassen kann auch dadurch erklärt werden, daß der Hund in verschiedenen Teilen der Welt zur gleichen Zeit domestiziert wurde. Einige Völker praktizierten mit diesen frühen domestizierten Hunden Zuchtwahl, allerdings mit den unterschiedlichsten Zielen.

Die wahrscheinliche Abstammung

Vom Wolf gibt es ungefähr 40 anerkannte Rassen. Die vier auf dieser Karte gezeigten werden als wahrscheinliche spätere Stammeltern des domestizierten Hundes angesehen, unter einiger Vermischung der Rassen.

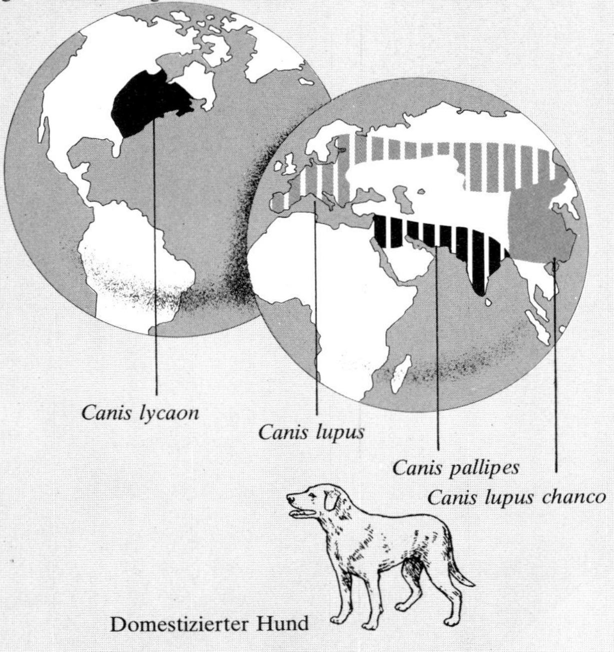

Der Hund in den alten Kulturen

Links: Statue des ägyptischen Gottes Anubis, der schakalköpfige Totengott. Cynopolis, die Stadt des Hundes, wurde zu seinen Ehren erbaut.

Unten: Der Gott Anubis in Gestalt eines Schakals, mit einem Priester in anbetender Haltung zu seinen Füßen.

Rechts: Detail aus einem assyrischen Basrelief aus der Zeit Assurbanipals mit der Darstellung von Wildeseln, die von doggenartigen Hunden gejagt werden. Keilschriftinschriften machen es möglich, diese Hunde bis zum Jahr 2000 v. Chr. zurückzuverfolgen.

Sobald der Wolf gezähmt war, scheinen sich sehr schnell spezialisierte Rassen des damaligen Hundes entwickelt zu haben. Ägyptische Wandbilder des Alten Reiches (3. Jtsd. v. Chr.) zeigen einen Hund des Greyhound Saluki Typs, der sicherlich gezüchtet wurde, um in der Wüste Wild zu jagen. Greyhounds und Salukis haben daher die ältesten bekannten Stammbäume aller modernen Rassen, obwohl sie sich sicherlich seit ihren frühen Zeiten verändert haben.

Alle Zeugnisse weisen darauf hin, daß die alten Ägypter ebenso an ihren Hunden hingen wie die Menschen der meisten modernen Zivilisationen. In vielen Städten hatten sie eigene Hundefriedhöfe, und Anubis, der schakalköpfige Totengott, wurde besonders verehrt.

Fresken, Bronzen, Schnitzwerke und geschriebene Dokumente beweisen, daß die Ägypter um 2000 v. Chr. bereits vollkommene Zuchtprinzipien beherrschten. Es existieren Darstellungen verschiedener Rassen, darunter auch von einem dem Malteser ähnlichen Zwerghund, der sicherlich als Schoßhund gezüchtet wurde.

Skulpturen aus Babylon (um 2000 v. Chr.) stellen Hunde dar, die den heutigen Mastiffs sehr ähnlich sind. Offenbar wurden sie als Kampfhunde abgerichtet und auch für die Jagd gebraucht. In Europa wurden ebenfalls Kampfhunde eingesetzt, und von England weiß man, daß dort im Jahr 55 v. Chr. Hunde gegen die eindringenden Römer kämpften.

Der Gebrauch von Hunden für friedliche Zwecke – als

Hunde in der Mythologie und dem täglichen Leben der Griechen.
Links: Vasenmalerei, Darstellung des Jägers Aktäon, der von Artemis in einen Hirsch verwandelt und von seinen eigenen Hunden gefressen wurde.
Unten: Eine Lampe in der Form eines Windhundkopfes, der im Maul einen Hasenkopf hält.

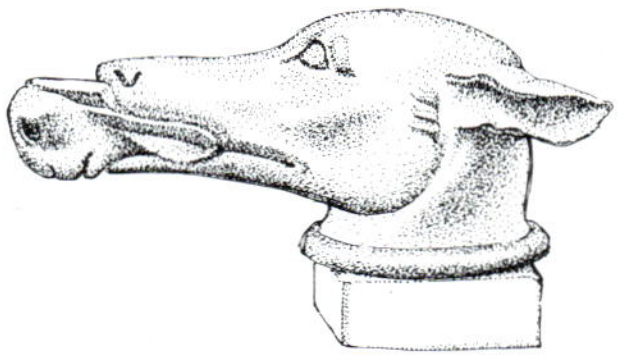

Unten links: Römische Statue des ägyptischen Gottes Anubis, der auch von den Römern verehrt wurde. Sie opferten ihm in der Annahme, er geleite die Seelen der Toten in die Unterwelt.
Unten rechts: Die Römer hielten viele Hundearten – Wachhunde, Hütehunde, Jagdhunde und auch grimmige Kampfhunde.

Unten: Römisches Grabmal. Das Relief zeigt einen Sterbenden, der von Trauernden umgeben wird, darunter auch von einem kleinen Hund.

Schäfer und Wächter – ist nicht so gut dokumentiert wie der für das religiöse Ritual, den Krieg und die Jagd. Trotzdem ist sicher, daß Hunde seit mehreren tausend Jahren in Europa und anderswo zu diesen Zwecken gezüchtet wurden. Die Römer kannten verschiedene Namen für Haushunde, Schäferhunde, Jagdhunde, Kampfhunde, für Hunde, die in der Arena bei Schaukämpfen eingesetzt wurden, für Hunde, die mit der Nase und solche, die mit den Augen jagten. Einige dieser Hunde hatten spezifische Namen, die sich auf die Regionen des Römischen Reichs bezogen.

Den Malamute, den Schlitten- und Wachhund der nordamerikanischen Eskimos, gab es bereits, als die Europäer nach Amerika kamen. Seine heutige Gestalt hat sich vermutlich in mehreren Jahrtausenden nicht wesentlich geändert.

Einige der Hunde, die von ägyptischen Künstlern dargestellt wurden, waren offenbar Zwergformen. Trotzdem gibt es eindeutige Beweise für eine Zuchtwahl von Zwerghunden erst für das alte Griechenland, wo sie einige Jahrhunderte vor Christi Geburt gezogen wurden. Auch diese Hunde waren offenbar den heutigen Maltesern ähnlich und wohl ziemlich weit verbreitet, da sie in ähnlicher Gestalt auch einige hundert Jahre später in Rom existierten.

Ganz unabhängig davon entwickelten die Chinesen ihren eigenen berühmten Zwerghund, den Pekinesen. Diese Hündchen wurden während der Tang-Dynastie (seit dem 7. Jh. v. Chr.) ausschließlich am Pekinger Kaiserhof gezüchtet.

Die Zähmung des Wolfes

Wie bereits gesagt, existieren domestizierte Hunde sicherlich seit 12 000 – 15 000 Jahren. Dies läßt darauf schließen, daß der Hund als erstes Tier domestiziert wurde, noch vor dem Schwein, der Ente, dem Rentier, dem Schaf oder der Ziege.

Die geographische Verteilung fossiler Fundstätten und die Verbreitung bestimmter Hunderassen heute lassen vermuten, daß die Domestizierung sicherlich zu verschiedenen Zeiten und an verschiedenen Orten stattgefunden hat. Wenn die Hunde von Wölfen abstammen, was wahrscheinlich ist, so ist es nicht schwer, sich die Domestizierung vorzustellen.

Der Mensch hat in den meisten Teilen der Welt sicher in der Nähe von Wölfen gelebt. Wenn nun der Mensch der Frühzeit dem heutigen Menschen nicht allzu unähnlich war, so hat er vermutlich das weggelaufene Wolfsjunge nach Hause mitgenommen, das von Kindern und Frauen versorgt wurde.

In den letzten Jahren wurden Versuche unternommen, Wölfe zu zähmen. Diese zeigten, daß Wölfe bedeutend weniger fügsam sind als Hunde und sich vor allem ihnen nicht Vertrauten mehr fürchten. Nicht alle Wölfe sind sich jedoch gleich, und manche sind Menschen gegenüber zugänglicher als andere. Wenn Wölfe mit vorteilhaften Anlagen selektiv gezüchtet worden wären, hätte sich sehr schnell eine Linie zahmer Wölfe entwickeln können.

Ein russisches Team hat dies vor kurzer Zeit mit Silberfüchsen unternommen. Die zahmsten Tiere einer Gruppe wurden über etwa zwölf Generationen untereinander gekreuzt. Die daraus entstehenden Füchse waren ebenso zahm wie Haushunde und ihren wilden Vettern ganz unähnlich.

Ebenso hätten dann auch die Nachkommen von verlassenen Wolfsjungen nach einigen wenigen Generationen Hauswölfe werden können. Ein Argument spricht jedoch gegen diese Abstammungstheorie: Ein Hauswolf hätte nicht nur seinem Herrn keinen großen wirtschaftlichen Nutzen gebracht, sondern auch als Fleischfresser eine beträchtliche Menge knappen Futters gefressen.

Wahrscheinlich begann ein solcher mit der Familie lebender Wolf sehr schnell, die ihm entgegengebrachte Fürsorge zu verdienen. Möglicherweise war er als Wächter sehr nützlich, weil er seinen Herrn auf das Nahen gefährlicher Tiere oder auch Menschen aufmerksam machte. Vielleicht wurde er auch als Arbeitstier gebraucht, etwa zum Schlittenziehen, und sein Fell wurde sicherlich als Kleidung verwertet. Andere Funktionen waren dann etwa: das Hüten von Herden, das Jagen von Wild, das Aufspüren der Beute mittels seines hochentwickelten Geruchssinnes.

Die lange Verbindung zwischen dem Menschen und seinem besten Freund muß ungefähr in dieser Weise begonnen haben. Doch weshalb hat der Mensch unter allen Carnivoren – den fleischfressenden Raubtieren – sich ausgerechnet den Wolf gezähmt und sehr viel später die Kaffirkatze des Mittleren Ostens? Im Falle des Wolfes muß die Antwort in dem sozialen Verhalten dieses Tieres in der Wildnis liegen.

Indem man die zahmsten Wölfe auswählte und sie von klein auf gemeinsam mit Menschen aufzog, könnte sich die soziale Abhängigkeit des Wolfes von anderen Mitgliedern des Rudels, vor allem des Leitwolfes, sehr leicht auf den Menschen übertragen haben. Wenn er den Menschen dann als seinen Rudelführer anerkannte, wird er ihm Gehorsam und Beistand entgegengebracht haben – die Eigenschaften, die durch alle Zeiten den Hund am meisten mit dem Menschen verbunden haben.

In der Vergangenheit wurde der Wolf als furchtgebietendes Tier angesehen, als schrecklicher Werwolf. Trotzdem steht er auch in dem Ruf, Säuglinge angenommen zu haben, die in der Wildnis ausgesetzt waren, wie in der Legende von Romulus und Remus, **oben.** Die zweite Version ist die wahrscheinlichere.

Der australische Wildhund oder Dingo

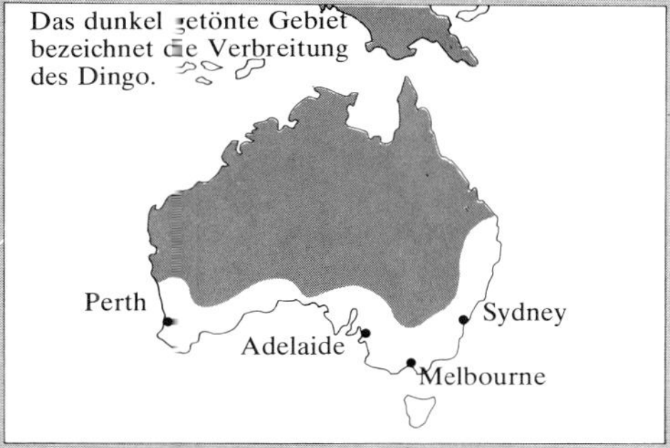

Der Dingo existiert nur in Australien und ist innerhalb der Hundefamilie ein Rätsel. Er ist ein wildes Tier, ernährt sich von Kleintieren, fällt aber auch Schafe an. Da er jedoch in jeder anderen Hinsicht dem domestizierten Hund so ähnelt, wird er zur gleichen Spezies gerechnet. Er ist das einzige wilde Mitglied der Familie *Canis familiaris.*

Der Dingo kam wahrscheinlich lange vor den Weißen nach Australien, und Zoologen nehmen an, daß er ein verwildeter Nachfahre der Haushunde ist. Es gibt jedoch auch Fachleute, die dies bestreiten, da der Dingo so schwer zu zähmen ist und daher niemals ein Haushund gewesen sein kann. Wenn das der Fall ist, müßten irgendwelche frühe Reisenden wilde Dingovorfahren mit nach Australien gebracht haben.

Alles in allem betrachtet, ist es wahrscheinlich, daß der Dingo vor vielen tausend Jahren ein domestizierter Hund war. Die Pariahunde Asiens könnten dann seine zahmen Nachkommen sein, doch in Australien verwilderte er und hat nur in dieser Form überlebt.

Unten links und rechts: Russische Kinder, die mit Wolfsjungen spielen. Der Ruf des Wolfes als wildes und furchtgebietendes Tier besteht wahrscheinlich zu Unrecht. Um das Verhalten dieser Tiere zu untersuchen, hat man u. a. bei ihnen Sendegeräte angebracht. Dabei hat sich herausgestellt, daß sie Menschen gegenüber scheu sind, untereinander sehr sozial und zur Zusammenarbeit bereit.

Der beste Freund des Menschen

Anders als die Katze, die von Natur aus eine Einzelgängerin ist, ist der Hund ein geselliges, freundliches Tier. Wie wir gesehen haben, wurden die ersten Hunde wahrscheinlich aus gezähmten Wolfsjungen gezogen, den Nachkommen von sozialen Tieren, die in Rudeln lebten. In Abwesenheit des Rudels schenkten diese frühen Vorfahren des Hundes ihre Anhänglichkeit und Zuneigung, die ein Teil ihrer Natur sind, dem Menschen, der sie aufzog.

Die ersten Hunde halfen dem Menschen in vieler Hinsicht – als Wächter, Hüter, Kämpfer und Jäger. Daß der Mensch im Hund darüber hinaus noch etwas anderes sah als ein nützliches Tier, zeigte sich sehr früh, als er begann, Hunde als reine Haushunde zu züchten, die ihm nichts anderes als Freunde sein sollten.

Natürlich sind manche Hunde zugleich Gebrauchshunde wie Freunde. Bezeichnend ist eine kürzlich erfolgte Umfrage, bei der 88 Prozent der Hundebesitzer angaben, daß sie sich die Hunde zu ihrer Gesellschaft hielten. Nur 40 Prozent der Befragten hielten Hunde als Schutzhunde.

In den meisten Ländern hat seit den letzten 50 Jahren die Anzahl der Hunde, die als reine Begleithunde gehalten werden, drastisch zugenommen. Die meisten Hunde pro Haushalt findet man in den Vereinigten Staaten und in Frankreich, wo fast jede dritte Familie einen Hund hat. Die wenigsten Hunde pro Haushalt findet man in Deutschland und der Schweiz, nämlich 11 Prozent, und in Japan, wo 13 Prozent festgestellt wurden. In Großbritannien haben etwa 25 Prozent aller Haushalte einen Hund.

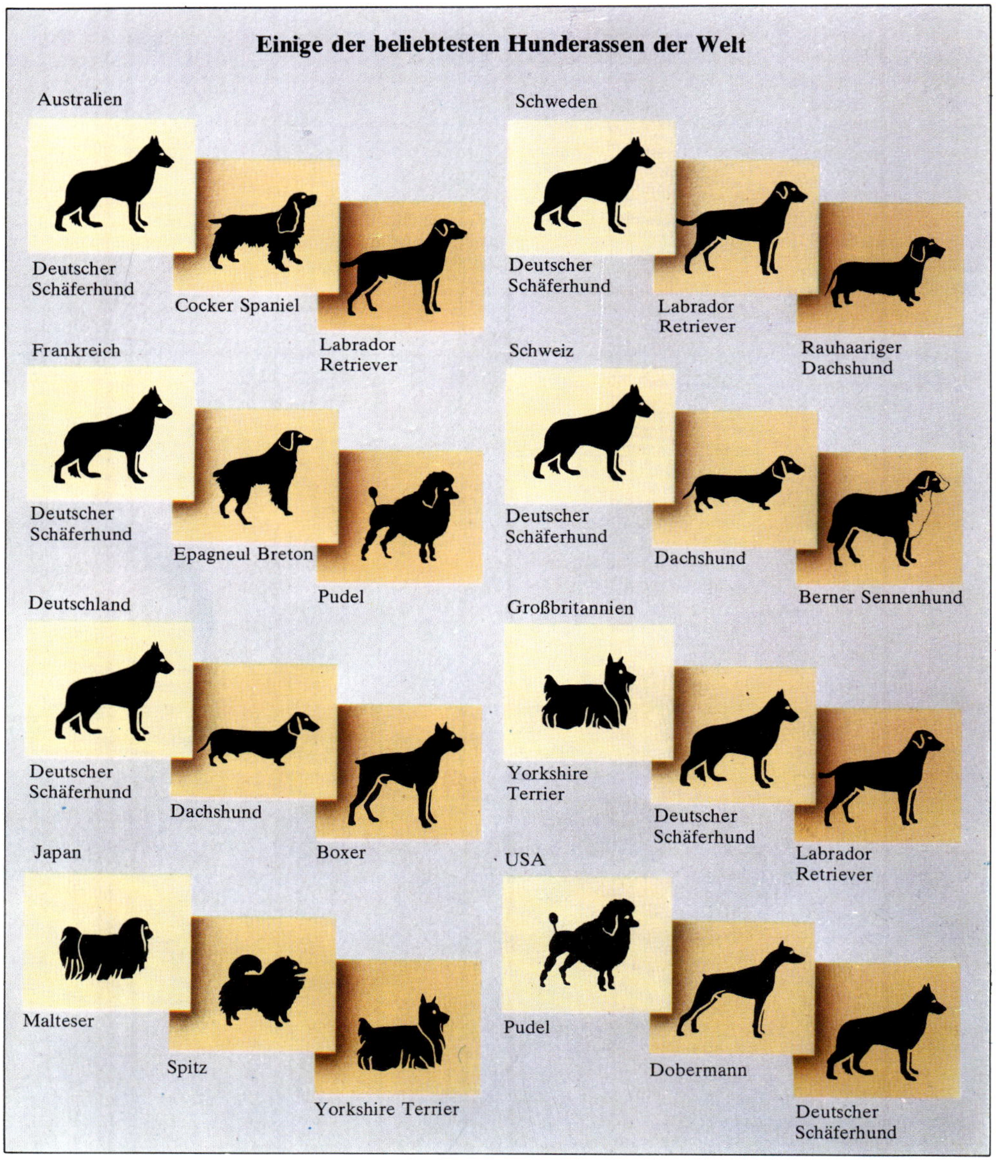

Unten: Diese friedliche Szene weist auf die enge Verbindung zwischen dem Hund und dem älteren Mann hin. Der Hund sucht die Nähe des Menschen und macht allein durch seine Gegenwart das Leben für seinen Besitzer leichter und schöner.

Eine Erklärung für die starke Zunahme von Hunden in unserem Jahrhundert wurde nicht oft versucht. Die wissenschaftlichen Studien und Umfragen, die gemacht worden sind, kommen zu dem Schluß, daß die Veränderungen in der Organisation unserer Gesellschaft dazu geführt haben, daß mehr Menschen die Nähe und Freundschaft eines Hundes suchen. Der städtische Mensch ist von seinen Verwandten getrennt worden, und die nachbarschaftlichen Beziehungen haben darunter gelitten, daß die Menschen allgemein viel öfter umziehen, um bessere Jobs, Häuser und anderes zu suchen. Ein Hund dagegen, der zu uns gehört, ist immer froh, wenn er uns sieht, und immer bereit, Zuneigung zu zeigen und auch entgegenzunehmen.

Nach Ansicht der meisten Menschen erfüllt der Hund die Rolle eines Begleiters oder Freundes besser als eine Katze, die von Natur aus ein unabhängigeres, einzelgängerisches Tier ist. Statistiken ergaben, daß Hunde heute beliebter sind als Katzen.

Der Schutz, den ein Hund zu bieten hat, ist offenbar auch ein sehr wichtiger Faktor, und auch in dieser Hinsicht ist der Hund der Katze überlegen. Seine Fähigkeit, seinen Besitzer und sein Heim zu schützen, war eine der Eigenschaften, die ihn vor Tausenden von Jahren dem Menschen verband: In jenen Tagen gewährte er Schutz vor wilden Tieren. Heute dient er dazu, Angreifer und Eindringlinge abzuwehren.

Durch alle Zeiten hindurch hat sich der Hund als sehr anpassungsfähig erwiesen – eine weitere Qualität, nach der der Mensch sucht, wenn er seinen besten Freund auswählt.

Der »Image-Maker«

Rechts: Die weißen Barsois sollen die glanzvolle Erscheinung dieses Filmstars unterstreichen.
Links: Die ältere Dame hat einen freundlichen, tröstlichen Begleiter.
Unten: Der Besitzer des Old English Sheepdog hat sich einen robusten Hund ausgesucht, der zu seiner Persönlichkeit paßt.

Der Hund als Freund und Partner erlaubt es seinem Besitzer, zu lieben und geliebt zu werden, ohne die Risiken einzugehen, die in menschlichen Beziehungen enthalten sind. Ist es also überraschend, daß Statistiken über Hundebesitzer ergeben haben, daß die Sehnsucht nach einer dauerhaften Gemeinschaft in unserer heutigen Zeit der häufigste Grund ist, sich einen Hund zu halten?

Ausschlaggebend dafür ist sicher vor allem, daß der Hund die Fähigkeit zur wirklichen Freundschaft hat, denn er ist ein zuverlässiger Partner, der seinen Besitzer niemals im Stich läßt, was immer auch geschieht. Viele Menschen sind der Ansicht, daß ein Hund ein besserer Freund ist, als jeder Mensch es sein kann; er will gefallen, hat keinen Ehrgeiz und steht seinem Herrn nicht kritisch gegenüber.

Hunde lieben darüber hinaus auch den physischen Kontakt und ermuntern dazu, was für den Menschen des Westens keine Selbstverständlichkeit ist. In vielen westlichen Gesellschaften wird der offenkundige physische Kontakt zwischen Menschen – sofern er in der Öffentlichkeit stattfindet – getadelt, oder zumindest sind die Menschen diesbezüglich gehemmt. In denselben Gesellschaften wird es jedoch nicht als verwerflich angesehen, einen Hund zu hätscheln. Der westliche Mensch praktiziert bedeutend weniger Körperkontakte als die Mitglieder vieler anderer Kulturen und auch als seine nächsten »Verwandten« unter den Affen.

Es ist bezeichnend, daß in einigen psychiatrischen Kliniken Hunde mit großem Erfolg eingesetzt wurden. Patienten, die es aufgegeben hatten, sich Menschen anzuschließen, haben die Annäherung von Hunden nicht abgelehnt und dadurch allmählich ihren Glauben an die Menschheit wiedergewonnen. Ein Hund bemerkt das anomale Verhalten eines Men-

Hund und Herr sehen sich oft ähnlich. **Rechts:** Der Jagdhund verrät die gleiche Wachheit wie sein junger Herr. **Links:** Auch die ältere Dame und der zerbrechlich wirkende Whippet passen gut zusammen. **Unten:** Hier hat die Frisur des Pudels das Modell des Anzugs bestimmt.

schen nicht und reagiert daher in seiner gewohnt freundlichen Weise.

Es gibt jedoch noch einen anderen psychologischen Gewinn, den man aus der Gemeinschaft mit einem Hund ziehen kann. Das Selbstgefühl eines Menschen kann durch einen Hund verstärkt werden. Denn einige Menschen – und es sind mehr, als man meinen möchte – sehen in ihrem Hund ein zweites Selbst. So gefällt man sich selbst in einem Afghanen, der schlank und schön ist, beziehungsweise in einem Deutschen Schäferhund, der männlich und stark wirkt.

Untersuchungen haben gezeigt, daß Blindenhunde nicht nur eine große praktische Hilfe sind, sondern darüber hinaus auch das Selbstbewußtsein ihrer blinden Besitzer stärken. Die Besitzer eines Blindenhundes haben sich als Mitglieder einer kleinen angesehenen Gruppe innerhalb der Blindengemeinschaft erwiesen, die eine bedeutend größere Unabhängigkeit hatte.

Ein Mensch, der einen Hund an seiner Seite hat, wird leichter neue Bekanntschaften schließen als jemand, der alleine oder nur mit anderen Menschen spazierengeht. Der Hund wird ihn nicht nur dazu verleiten, ungewohnte Straßen oder Parks aufzusuchen, sondern er wird auch oft eine Unterhaltung mit einem Fremden beginnen, entweder mit einem anderen Hundebesitzer oder mit einem Hundeliebhaber. Eine kürzlich erfolgte Umfrage in Schweden hat ergeben, daß fast zwei Drittel der Hundebesitzer es ihrem Hund zuschrieben, ihnen Gelegenheit zu Gesprächen ermöglicht zu haben, und gut über die Hälfte hatte das Gefühl, daß ihr Hund ihnen »Freunde verschafft« habe. Nur fünf Prozent waren der Ansicht, daß ihr Hund ihnen »Feinde gebracht« habe. So wirkt ein Hund oft als Katalysator bei menschlichen Beziehungen.

Hunde und Kinder

Eine Familie mit kleinen Kindern hat oft auch einen Haushund. Eine Erklärung dafür könnte sein, daß Kinder sehr oft ihre Eltern zum Kauf eines Hundes überreden und viele Eltern andererseits glauben, daß ein Hund im Haus die Entwicklung ihrer Kinder fördern wird.

Der amerikanische Psychologe B. Levinson, der eine Studie über die Beziehung zwischen Kindern und Haustieren veröffentlicht hat, bestätigt dies. In einer Zeit, wo Frauen arbeiten und die Familie oft auseinandergerissen ist, so meint Levinson, füllt der Hund eine Lücke im Leben des Kindes aus. Wenn beide Eltern bei der Arbeit sind und wenn Geschwister als Spielkameraden fehlen, ist der Hund Begleiter und zudem ein nützlicher Beschützer. Für das ganz kleine Kind kann der Hund als Ersatz des Menschen dienen, anders als eine leblose Puppe oder ein anderes Spielzeug.

Ältere Kinder brauchen Anregungen für phantasievolles Spiel, um ihre Spannungen, Frustrationen, Ängste und Aggressionen loszuwerden und auch dazu, um ihre Kreativität zu entfalten. In beiden Fällen kann ein Hund zum Spielkameraden werden und verhindern, daß die Phantasie den Boden der Realität ganz verläßt. So jedenfalls sieht es Levinson. Nimmt der Hund bei phantasievollen Spielen eine wichtige Rolle ein, so wird er sie auch in der Realität bekommen. Das Kind behält dadurch nicht nur den Realitätsbezug, sondern es lernt auch, Verantwortung Tieren gegenüber zu entwickeln und letztlich vielleicht auch gegenüber Menschen.

Dem Kind kann beigebracht werden, für den Hund zu sorgen, ihn zu füttern und zu Spaziergängen mitzunehmen. Diese Aufgaben geben dann auch Anlaß zu Gesprächen zwischen Kindern und Eltern. Anschließende Diskussionen und Pläne binden Kind und Eltern enger aneinander. Auf diese Weise wirkt der Hund als nützliche Brücke zwischen den Generationen und als Stütze für die emotionale Stabilität in der Familie.

Die Verantwortung für den Hund tut einem Kind sehr gut.

Obwohl Spiele mit Hunden Spaß machen, sollte man immer an die Gesundheit des Tieres denken.

Links: Das Kind muß lernen, wie man einen Hund richtig hält: die eine Hand wird um die Brust gelegt, die andere stützt von unten.
Gegenüber: Kinder, die mit einem Hund aufwachsen, haben einen Begleiter, Beschützer und Spielkameraden.

Ein Mitglied der Familie

Der Hund als Mitglied der Familie – Darstellung auf einem griechischen Relief des 4. Jhs. v. Chr.

Hunde fühlen sich oft nicht nur als Teil, sondern sogar als Mittelpunkt der Familie. Der Hund in dem Bild des 16. Jhs., **rechts,** ist mit den Kindern ebenso vertraut wie der viktorianische Schoßhund mit dem kleinen Mädchen, **gegenüber rechts,** und auch der Hund auf dem Familienfoto **rechts unten** bedeutet, daß er mit vollem Recht auf das Gruppenbild gehört.

In vielen Ländern wird das Halten eines Hundes als Mittel angesehen, die Familie zu vervollkommnen. Dies kann in England bis in die viktorianische Zeit zurückverfolgt werden, wo es viele Familienporträts gibt, auf denen Hunde abgebildet sind.

Umfragen haben ergeben, daß der Hund nicht nur das häufigste Haustier ist, sondern auch die meiste Befriedigung verschafft. Er stand an erster Stelle im Hinblick auf das Vergnügen, das er seinen Besitzern jeden Tag bereitete – etwa vier Stunden pro Familie. Damit lag er deutlich an der Spitze vor der Katze, jedoch auf gleicher Höhe mit dem Pferd, das allerdings in der Haltung bedeutend teurer ist.

Es ist schwierig, Hunde und Katzen als Haustiere zu vergleichen, denn ihr Verhalten und ihre Rolle in der Familie sind sehr verschieden. Nur wenig Menschen sind sowohl Hunde- wie auch Katzenliebhaber. Dies wurde anhand einer Umfrage, die von einem Psychologenteam gemacht wurde, festgestellt. Ferner zeigte sich, daß sowohl Hunde- als auch Katzenliebhaber sehr viel Zuneigung zu anderen Menschen haben. Der Schluß daraus: Tierfreunde stehen ihren Mitmenschen freundlicher gegenüber als Menschen, denen Tiere gleichgültig sind.

Diese Feststellung stimmt mit der Tatsache überein, daß in Familien mit Kindern in der Regel doppelt so oft Hunde anzu-

treffen sind wie in kinderlosen Familien. Der Hund gehört in vieler Hinsicht zur Familie und fügt sich in sie ein. Das muß mit seiner Wolfsabstammung zusammenhängen und seiner natürlichen Neigung, in einer Gruppe oder in einem Rudel zu leben.

Wölfe leben in großen Familien mit hoch entwickelten sozialen Strukturen. Sie bringen ihren Leittieren absoluten Gehorsam entgegen. Hunde betrachten die Familienmitglieder als ihre Anführer, von denen sie gefüttert werden und Befehle erhalten. Der Hund wird nicht nur von seinen Besitzern als Mitglied der Familie angesehen, er sieht sich selbst auch als ihr Mitglied.

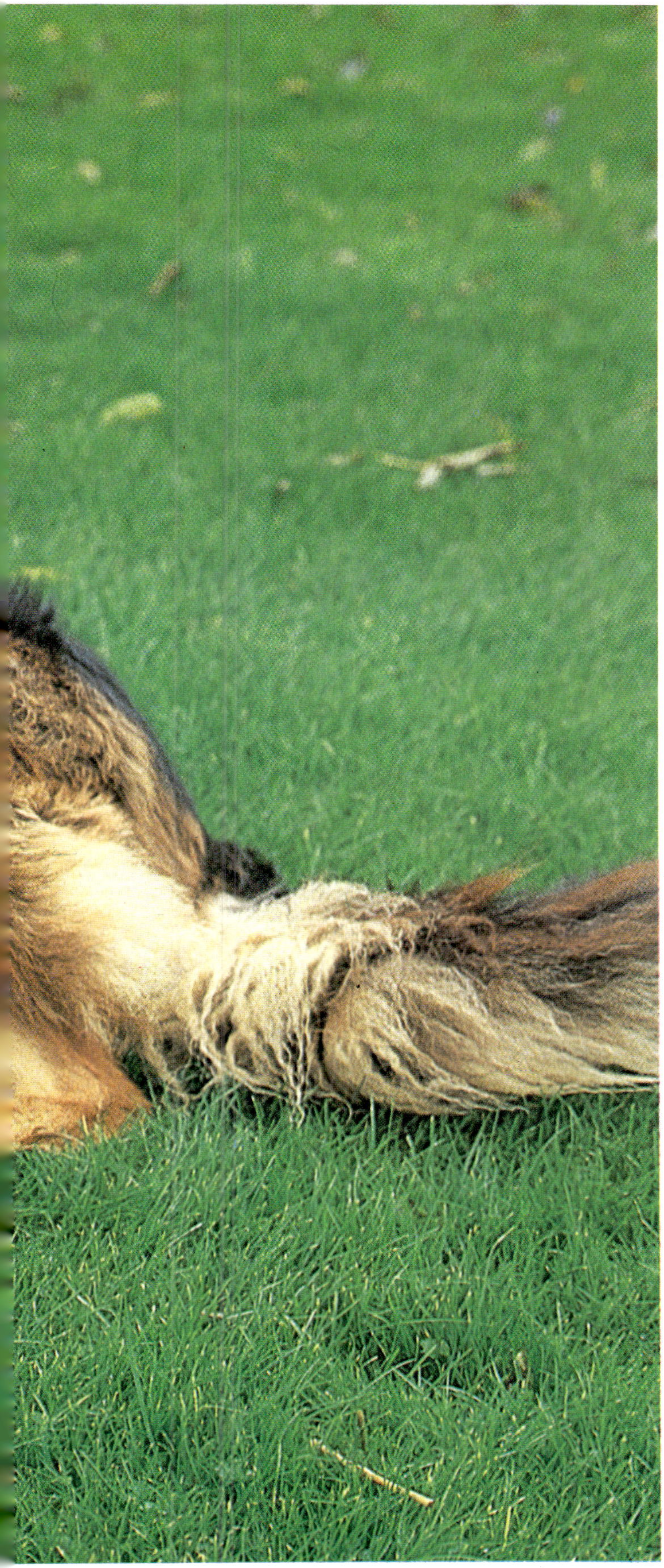

Körperbau und Intelligenz

Wie gut sieht, riecht und hört ein Hund? Wie unterscheidet er sich von uns im Gebrauch dieser Sinne? Ist auch der Körperbau von Rasse zu Rasse verschieden, so sind doch gewisse Verhaltensmuster allen gemeinsam: die »Verbeugung«, um ein Spiel zu erbetteln, die Unterwerfungspose, das aggressive Gesicht. Die Intelligenz des Hundes ist schwieriger zu beurteilen – ist ein kluger Hund intelligent oder nur gut dressiert?

Dieser Deutsche Schäferhund zeigt alle Anzeichen der Aufmerksamkeit: die Ohren nach vorn gestellt, um jedes Geräusch wahrzunehmen, die Augen gebannt nach jeder Bewegung Ausschau haltend.

Der denkende Hund

Intelligenz ist bei Tieren schwer zu beurteilen; es gibt keinen Beweis dafür, daß Hunde eine Denkfähigkeit haben wie der Mensch. Hunde, die es lernen, Türen zu öffnen, Zeitungen zu holen, **rechts,** und Kunststücke auszuführen, vermögen dies aufgrund von Dressur und Instinkt.

Ob Hunde oder andere Tiere denken oder, anders gesagt, ihren Verstand einsetzen, wenn sie eine Entscheidung treffen, ist eine schwierige Frage, die Philosophen und Wissenschaftler seit vielen Jahrhunderten bewegt hat. Der griechische Philosoph Aristoteles vertrat die These, daß Tiere zwar lernen und sich erinnern können, jedoch nur Menschen Verstand besitzen.

Menschen können sich durch Sprache verständigen. Auch Tiere können sich durch Laute, Blicke oder andere Mittel verständigen. Ein Hund kann eine Reihe von Kommandos verstehen, wie »Sitz!«, »Komm!«, »Warte!« und »Bei Fuß!«, doch versteht er keine Sätze wie der Mensch. Die Mitteilungen der Hunde bestehen scheinbar nur aus einfachen Signalen, doch ist diesbezüglich noch eine Menge zu erforschen. Nur der nächste »Verwandte« des Menschen, der Affe, gibt immer wieder Anlaß zu der Frage, ob Tiere eine Sprache besitzen.

Die Fähigkeit, zu denken und vernünftig zu reagieren, steht zum Teil im Zusammenhang mit der Größe des Gehirns, so daß es nicht sonderlich überrascht, daß die »geistige« Fähigkeit eines Hundes bedeutend geringer ist als die Denkfähigkeit eines Menschen.

Wenn der Hund keine Sprachkompetenz besitzt und eine bedeutend begrenztere intellektuelle Fähigkeit als der Mensch hat, denkt er dann überhaupt, und wenn, wie? Wie das Gehirn eines Hundes funktioniert, läßt sich schwer erforschen, doch können diesbezüglich relevante Beobachtungen gemacht werden.

Es kann als ziemlich sicher angesehen werden, daß Hunde träumen. Wenn sie schlafen, zucken sie manchmal und bewegen ihre Augen schnell bei geschlossenen Lidern. Beim Menschen sind dies Anzeichen für einen Traum, doch wovon ein Hund träumt, weiß man nicht.

Es gibt andere Parallelen der mentalen Prozesse bei Mensch und Hund. Beispiele zeigen, daß Hunde beim Tod ihres Herrn Trauer empfinden. Das bekannteste Beispiel ist wahrscheinlich das von Bobby, dem in Edinburgh ein Denkmal gesetzt wurde. Bobby folgte dem Sarg seines Herrn auf den Friedhof und blieb dort den Rest seines Lebens; er überlebte seinen Herrn 14 Jahre. Zeigte er Trauer oder nahm er nur ein neues Revier in Besitz, aus dem Instinkt heraus, daß er dorthin gehöre?

Eine andere wichtige Frage ist, ob der Hund besondere Fähigkeiten hat, die der Mensch nicht besitzt, einen sechsten Sinn oder irgendeine Art übersinnlicher Wahrnehmung. Hunde, die bei Ortswechsel zurückgelassen wurden, haben das neue Haus ihrer Besitzer wiedergefunden, auch wenn es mehrere hundert Meilen entfernt war. Tiere können einen besseren Orientierungssinn haben als Menschen – Vögel haben ihn sicherlich –, doch ist es ein Geheimnis, woher ein Hund weiß, welchen Weg er einschlagen muß.

Ein anderer Beweis für einen offenkundigen sechsten Sinn kann einfacher erklärt werden. Einige der bekannten fünf Sinne des Hundes sind anders gepolt als die des Menschen. Zum Beispiel können Hunde höhere Töne hören, ihr Geruchssinn ist besser entwickelt, und durch bestimmte Rezeptoren in der Nase nehmen sie Wärme wahr. Dies erklärt einige ihrer ungewöhnlicheren Leistungen, wie etwa die frühe Warnung vor einem Feuer dank ihres ungewöhnlich guten Geruchssinnes oder das Anzeigen eines Erdbebens durch ihr merkwürdiges Verhalten. Sie sollen Gas, das aus der Erde sikkert, riechen und Vibrationen niederer Frequenz wahrnehmen können.

Ob bestimmte Verhaltensweisen des Hundes von Gedanken motiviert werden, ist noch ungeklärt. Der Versuch, dem Hund die Sprache des Menschen verständlich zu machen, sagt noch nicht viel über die Beschaffenheit seines Verstandes. Wichtiger ist die Beantwortung der Frage, wie Hunde sich untereinander verständigen und auch wie sie sich mit uns verständigen.

Ob Hunde denken, ist nicht einfach zu beantworten; weit schwieriger ist es jedoch, ihre Intelligenz zu ermessen. Intelligenz läßt sich nicht ohne weiteres definieren. Manche Menschen verstehen darunter eine Art Klugheit, Brillanz oder die Fähigkeit, Probleme zu lösen. Vielleicht kommt man weiter, wenn man bedenkt, daß das geistige Instrumentarium, über

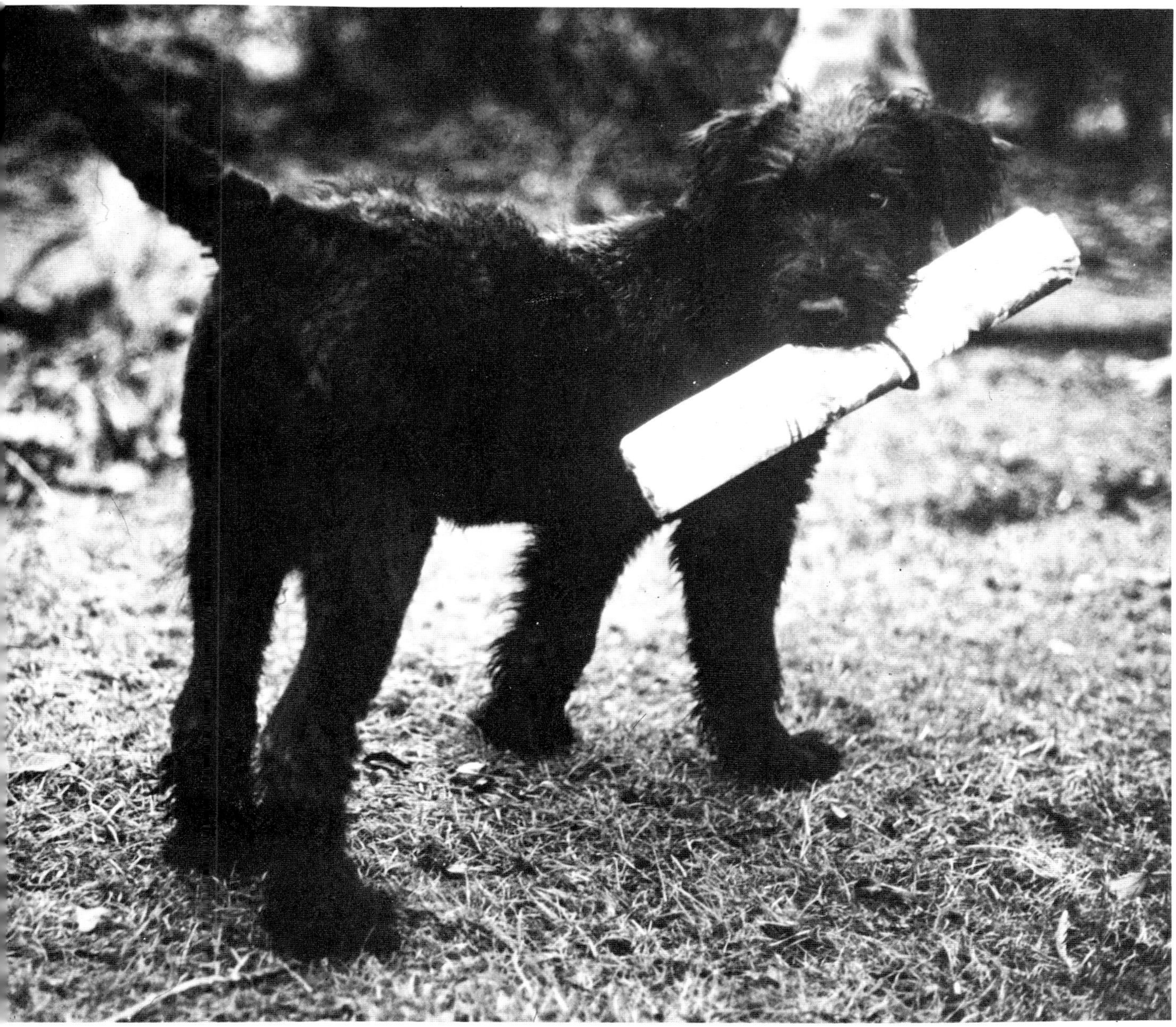

das ein Mensch oder Tier verfügt, um ein Problem in Angriff zu nehmen, in Abhängigkeit von den körperlichen Fähigkeiten und der Ausbildung durch Erziehung zu sehen ist.

Stimmt man dieser Annahme zu, so müssen für ihre Bestätigung noch die geeigneten Tests entwickelt werden. Gelingt dies kaum für Menschen, so für Hunde und andere Tiere noch viel weniger.

Natürlich muß jeder Intelligenztest so beschaffen sein, daß er auf eine bestimmte Spezies anwendbar bleibt. Es ist unmöglich, mehr als nur allgemeinste Vergleiche zwischen den Spezies anzustellen. Selbst innerhalb der Spezies Hund ergeben sich Probleme, da es so viele verschiedene Rassen gibt. Um ein extremes Beispiel zu nennen: Zwischen einem Pekinesen und einer Deutschen Dogge kann man kaum einen Vergleich ziehen, will man ihr Verhalten beim Aufspringen und Apportieren eines Gegenstandes untersuchen. Die meisten Rassen haben eine eigene Intelligenz, und dies macht es fast unmöglich, einen allgemeinen Test über die Intelligenz der Hunde zu entwerfen.

So bleibt also nur die Möglichkeit, das Verhalten eines bestimmten Hundes zu beobachten. Manche Hunde vollbringen tatsächlich erstaunliche Dinge, die offensichtlich Intelligenz voraussetzen. Es gibt zum Beispiel Hunde, die die Morgenzeitung holen; andere können aus dem Zimmer heraus, indem sie einen Riegel öffnen, und wieder andere vollbringen seltsame Tricks, wie etwa mit zwei oder drei Beinen auf Rollschuhen zu laufen.

Leistungen dieser Art lassen auf Intelligenz schließen, doch man muß diese sowohl im Zusammenhang mit den ererbten Eigenschaften des fraglichen Hundes wie auch mit denen der Hunde im allgemeinen sehen. Einige Hunderassen sind seit Generationen dazu abgerichtet, verschiedene Gegenstände zu apportieren; für sie ist das Holen einer Zeitung zum Beispiel eine Leichtigkeit.

Ein Hund, dem es gelingt, eine Türe zu öffnen, könnte dies aus reinem Zufall geschafft haben – vielleicht, indem er mit der Schnauze dagegen stieß – und nicht über eine gedankliche Leistung.

Dressur oder Intelligenz?

Geschickte Hunde

Einige ungewöhnliche Hunde sind von Zeit zu Zeit der Öffentlichkeit vorgeführt worden. Einer von ihnen schien besonders tüchtig im Kopfrechnen und beherrschte Addition, Subtraktion und Multiplikation. Er bellte seine Antworten – einmal Bellen für eins, zweimal für zwei und so weiter –, und es hat immer gestimmt, selbst bei ziemlich schwierigen Rechnungen.

Genauere Untersuchungen haben jedoch gezeigt, daß der Hund diese Rechnungen nicht wirklich ausführte. Unwillkürlich gab der Besitzer dem Hund ein Zeichen, mit dem Bellen aufzuhören: er beobachtete den Hund und wartete ängstlich auf jedes Bellen, bis die richtige Anzahl erreicht war, dann entspannte er sich und lehnte sich leicht zurück. Der Besitzer tat dies unbewußt, doch der Hund merkte es sicherlich und hörte sofort mit dem Bellen auf.

Man könnte sagen, daß dieser Hund wirklich große Intelligenz bewies; er reagierte äußerst sensibel auf die Stimmung seines Herrn; allerdings reagieren Hunde sowieso bereitwillig auf Körpersprache, da diese ihr hauptsächlichstes Verständigungsmittel ist.

Hunde können leicht abgerichtet werden, doch nur auf Gebieten, für die sie eine gewisse Begabung haben. Die Nach-

Man kann die Fähigkeit, auf Dressur zu reagieren, leicht mit Intelligenz verwechseln. Hunde, die bestimmte Aufgaben erfüllen – Blindenhunde, Polizeihunde (**rechts** bei der Suche nach Waffen in Nordirland), Schäferhunde, Zirkushunde (**links** bei der Ausführung von Kunststücken) –, sind alle einer intensiven Dressur unterzogen worden. Manchmal sind die erforderlichen Fähigkeiten rassebedingt.

kommen von Labradors werden als Apportierhunde ebensowenig gute Blindenhunde abgeben wie die Nachkommen von Hunden, die auf das Hüten von Schafherden spezialisiert sind. Dies beweist, daß die Zucht bzw. die genetischen Voraussetzungen die Fähigkeit zur Abrichtung beeinflussen.

Auch die Aufzucht hat einen wesentlichen Einfluß auf das Verhalten eines Hundes. Wenn ein Hund in den ersten Lebensmonaten im Zwinger gehalten wurde, wird er nicht in dem Maße zu dressieren sein wie ein junger Hund, der mit sechs Wochen in eine Familie gekommen ist. Dies bedeutet keinen Unterschied bezüglich der Intelligenz, sondern nur, daß die Art der Aufzucht verschiedene Voraussetzungen schafft für die Abrichtung.

Außerdem muß ein perfekt abgerichteter Hund nicht extrem intelligent sein. Wer die Intelligenz eines Hundes feststellen will, muß verschiedene Faktoren berücksichtigen: Rasse und Größe; Ahnen und Aufzucht; die spezifische Abrichtung; ob der Hund ein ängstliches Tier ist und andernfalls sensibler reagieren würde; ob er durch Zufall auf Tricks gekommen ist, die er dann in der Praxis weiterentwickeln konnte. Nur mit all diesen Faktoren läßt sich seine Intelligenz annähernd bestimmen.

Das ausdrucksfähige Gesicht

Zu den wichtigsten Ausdrucksmitteln des Hundes gehören Ohren, Augen und Lefzen. **Links oben:** Aufgestellte Ohren und ein wacher Blick verraten Aufmerksamkeit. **Links unten:** Der furchtsame Hund. Die Ohren sind zurückgelegt, die Zähne gefletscht. **Rechts oben:** Ein »Lächeln« hat der Hund nur für den Menschen übrig; es soll als freundliche Begrüßung gelten und wird als Nachahmung des menschlichen Lächelns angesehen. **Rechts unten:** Diese bedrohlichen Gesichtszüge verraten Aggression: starrende Augen, hochgestellte Ohren und gefletschte Zähne.

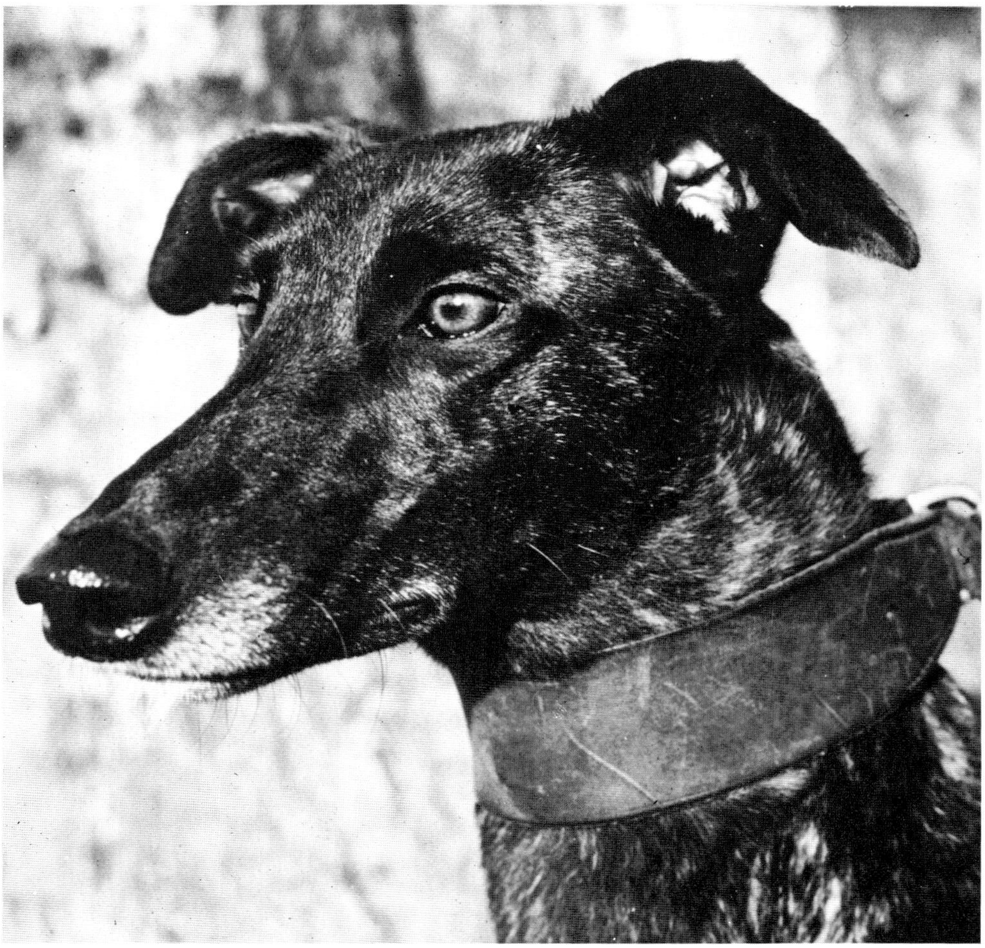

Gehörorgan und Geruchssinn des Hundes sind höher entwickelt als sein Sehorgan, doch verständigen sich Hunde trotzdem in den meisten Fällen durch visuelle Signale, vor allem in der Nähe. Einige dieser Gebärden sind für den Menschen eindeutig, andere werden meist falsch interpretiert, weil sie für den Menschen anderes bedeuten als für den Hund. Manche Hunde sind zu bestimmten Gebärden nicht fähig, weil die Zucht ihr Gesicht, ihren Körper oder Schwanz radikal verändert hat.

Verschiedene Teile des Gesichts haben hinsichtlich der Verständigung bestimmte Funktionen. Eine sehr wichtige Rolle spielen die Augen. Der Blick kann ein Drohsignal des stärkeren Hundes oder auch das Vorspiel zu einem Kampf sein. Der strenge Blick eines Menschen veranlaßt den Hund im allgemeinen, wegzublicken und sich zu unterwerfen, oft indem er sich hinsetzt, auf die Seite legt oder – als Zeichen größter Unterwerfung – sogar uriniert. Allerdings kann ein strenger Blick auch Racheangriffe auslösen.

Die Ohren sagen viel über die Empfindungen eines Hundes aus. Ohren, die eng am Kopf anliegen, drücken entweder Un-

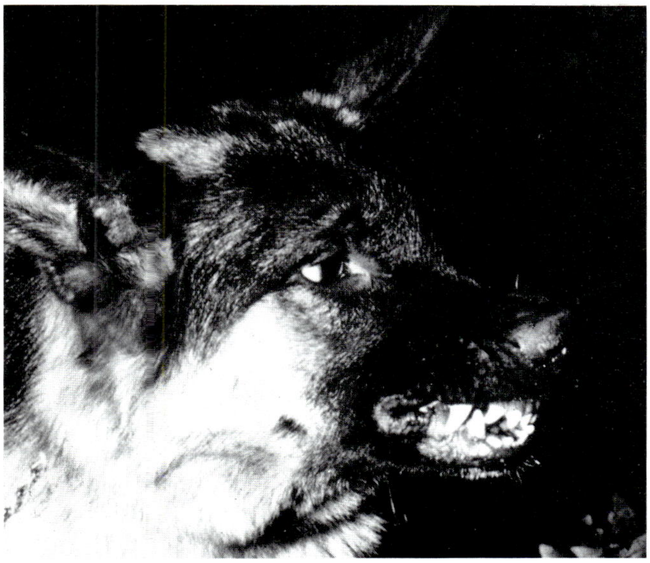

terwerfung oder Angst aus, je nach dem übrigen Gesichtsausdruck. Gespitzte Ohren zeigen an, daß der Hund aufmerksam ist, wiederum im Zusammenhang mit dem übrigen Gesichtsausdruck gesehen. Es kann bedeuten, daß der Hund freundlich, spielwillig oder angriffslustig ist. Rassen mit hängenden Ohren sind in einer weniger glücklichen Lage, da sie anderen Hunden ständig Unterwerfung signalisieren. Ähnlich drücken Hunde mit kupierten, aufrechtstehenden Ohren ständig Aufmerksamkeit aus.

Eine ganze Skala von Empfindungen verraten Maul und Lefzen, darunter Unterwerfung, Aufforderung zum Spiel und Aufmerksamkeit. Dies muß jedoch auch im Zusammenhang mit anderen Signalen gedeutet werden.

Ein Gesichtsausdruck, den Menschen sehen, Hunde aber nicht, ist das Grinsen. Es kann zwar auch ein Drohsignal sein, doch wenn es von Schweifwedeln und angelegten Ohren begleitet wird, ist es eindeutig eine freundliche Begrüßung. Die beste Erklärung für diesen ungewöhnlichen Ausdruck bei einem Hund ist die bewußte Nachahmung des menschlichen Lächelns.

Collies wie die hier abgebildeten haben eine lange Geschichte als Schäferhunde. Sie haben daher sowohl einen natürlichen Instinkt für Herden sowie ein ausgezeichnetes Gehör und Sehvermögen entwickelt.

Körpersprache

Mit dem Gesichtsausdruck wechselt auch die Körperhaltung, vor allem die Stellung des Schwanzes. Ist ein Hund ängstlich oder aggressiv, so unternimmt er alles, um vor seinem Gegner so groß wie möglich zu erscheinen. In beiden Fällen steht er aufrecht, sträubt Nacken- und Rückenhaare, damit er größer wirkt, doch wenn er Angst hat, lehnt er sich leicht zurück. Abgesehen vom unterschiedlichen Gesichtsausdruck, steht der Schwanz bei einem angriffslustigen Hund hoch, bei einem ängstlichen hängt er nach unten oder wird zwischen die Beine gezogen.

Ein Hund, der sich niederduckt, dabei Schwanz und Kopf einzieht und die Ohren zurücklegt, zeigt Unterwerfung an. Die meisten Menschen deuten dies als Duckhaltung bei Unfolgsamkeit. Zum Teil stimmt das auch, doch der Hund unterwirft sich eher dem ärgerlichen Blick seines überlegenen Herrn, als daß er weiß, daß er ungehorsam war. Bei völliger Unterwerfung rollt er sich zur Seite und läßt seinen Bauch sehen, der bei vielen Rassen hell ist, was einer »weißen Flagge« als Zeichen der Kapitulation entspricht, die der Hund dann zeigen will.

Duckt sich ein Hund tief auf seinen Vorderbeinen, hält die Hinterbeine gestreckt und trägt den Schwanz hoch, so fordert er sein Gegenüber zum Spiel auf. Er wird dabei wahrscheinlich auch herumspringen, in die Ausgangsstellung zurückkehren und kräftig bellen, damit auf seine Aufforderung eine Reaktion erfolgt.

Das Begrüßungsritual ist sehr bekannt. Wenn nicht Aggression mit im Spiel ist, werden beide Hunde sich gegenseitig die Nase beschnüffeln. Sind sie sich fremd, so werden sie gegenseitige Unterwerfung anzeigen und einen längeren Augenkontakt vermeiden. Den Menschen begrüßt der Hund in ziemlich ähnlicher Weise, beschnuppert – wie sich versteht – allerdings nicht sein Gesicht, sondern dessen Beine. Ist der betreffende Mensch oder der andere Hund ein guter Bekannter, wedelt er von Anfang an heftig mit dem Schwanz.

Während der Begrüßung erfolgt als nächstes meist ein gegenseitiges Beschnuppern der Leistengegend. Dies ist ein

Die ausdrucksvolle Körpersprache des Hundes

Die Darstellung zeigt die verschiedenen Körperstellungen und Ausdrucksmittel des Gesichts, die dem Hund zur Verfügung stehen, von der normalen Stellung bis zur Demutsstellung.

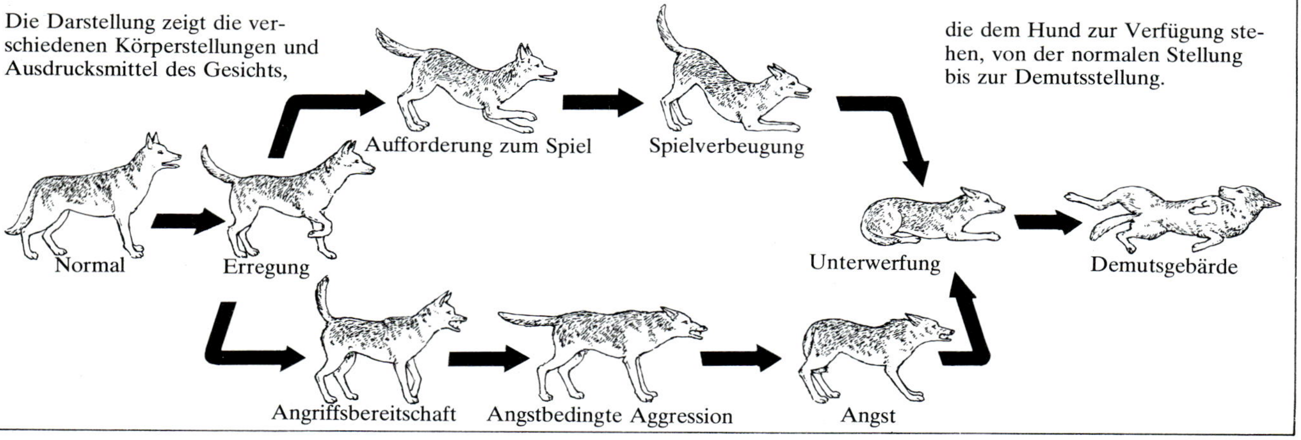

Links: Der kleinere Hund rollt sich auf den Rücken und zeigt dem größeren den Bauch.
Rechts: Das klassische Ritual bei der Begegnung fremder Hunde: Beschnüffeln des Mauls, zurückgelegte Ohren und hängende Rute.
Rechts unten: Die Haltung eines unterwürfigen Hundes – Reaktion auf den Blick seiner Herrin.

Zeichen für die Unterwerfung auf beiden Seiten und hat etwas Ähnliches zu bedeuten, wie wenn ein Hund sich auf die Seite rollt. Diese Art Kontakt gebraucht der Mensch meist nicht, doch im Ring berühren manche Hundeführer ihre Hunde in dieser Gegend, um ihnen Sicherheit zu geben und sie zu beruhigen.

Wie wir gesehen haben, spielt die Rute eine äußerst wichtige Rolle bei der Körpersprache des Hundes. Einige Rassen haben hierbei allerdings ihre Schwierigkeiten, denn sie besitzen zuchtbedingt entweder geringelte, kurze hochstehende oder herunterhängende Ruten oder – was als Folge des Kupierens auch vorkommt – überhaupt keine. Inwieweit dies andere Hunde irritiert, weiß man nicht, doch das Schwanzwedeln kann man auch bei Hunden mit Stummelruten beobachten. Dies bedeutet natürlich, daß der Hund erregt ist oder spielen will.

Der spielfreudige Hund

Der Hund ist ein außerordentlich spielfreudiges Tier, und diese Eigenschaft scheint durch die lange Zeit der Domestizierung hindurch vom Menschen gefördert worden zu sein. Hunde spielen auf die verschiedenartigste Art und Weise, und sie bedienen sich dabei einer variationsreichen Skala von Stellungen und Prozeduren, um andere immer wieder zum Spiel aufzufordern.

Die klassische Stellung zur Spielaufforderung ist die bereits beschriebene: vorne geduckt, Kopf unten, Hinterbeine gerade und Rute hoch. Diese wird manchmal als »Spielverbeugung« bezeichnet und wurde im einzelnen von Marc Bekoff von der Universität Colorado analysiert. Er stellte fest, daß diese Verbeugung bei Spielbeginn meist bemerkenswert konstant und stereotyp blieb. Damit signalisieren Hunde, daß alles, was folgt, als Spiel gedacht ist und nicht als Aggression. Dies ist ein klassisches Beispiel für die Sprache des Hundes, und man kann sie bei jedem Haushund beobachten. Die Spielverbeugung wird auch während des Spieles selbst benutzt, vielleicht um anzuzeigen, daß man das Spiel fortsetzen möchte.

Die Spielverbeugung ist das üblichste einer Reihe von Signalen, die Hunde anwenden, um ein Spiel zu beginnen. Geradezu klassisch ist die List, einen anderen Hund oder Menschen mit einem Gegenstand wie einen Ball oder Stock zum Spiel zu verführen. Der Hund kann dann mit diesem Spielzeug davonlaufen, wobei er hofft, von einem anderen Hund gejagt zu werden. Oder der Hund läßt den Gegenstand fallen und gibt damit eine Chance – vielleicht auch nur eine geringe –,

Um anzuzeigen, daß er nicht angreifen, sondern spielen will, macht der Hund die »Spielverbeugung«: Hinterhand und Rute gestreckt, der vordere Körper geduckt. Dies ist eines der klassischen Beispiele der Körpersprache des Hundes.

Der Hund kann beim Spiel verschiedene Stellungen einnehmen, von der Spielaufforderung bis zur Unterwerfung.

Um ein Spiel mit einem kleineren Hund zu beginnen, rollt sich der größere oft auf die Seite und nimmt die Demutsgebärde an.

Ziehen an der Rute, um zum Spiel aufzufordern.

Gebärde der Herausforderung: Angebot zum Mitspielen.

danach zu greifen. Dies kann wiederholt erfolgen. Hat der Hund genügend oft gewonnen, wird er seinen Mitspieler schließlich den Gegenstand greifen lassen und mit einer Verfolgungsjagd beginnen, bei der eventuelles Japsen Ausdruck des Spiels ist.

Im Spiel findet die Dominanz unter Hunden keine Beachtung. Ein großer Hund, der sich mit einem kleineren auf ein Spiel einlassen möchte, kann sich vor dem kleineren ruhig auf den Rücken fallen lassen. Dies ist sowohl eine Unterwerfungsstellung wie eine Einladung zum Spiel; sie zeigt dem kleineren Hund, daß alles, was nun folgt, Spiel ist und nicht Ernst.

Wenn all dies nichts genützt hat, gibt es noch weitere Methoden der Spielaufforderung. Dazu gehört das Beißen oder Ziehen am Schwanz, was allerdings auch eine aggressive Reaktion zur Folge haben kann. Ebenso kann der Hund sich auch übertrieben gebärden, um Aufmerksamkeit zu erregen, hohe Luftsprünge machen, nach vorwärts und rückwärts springen oder auch von einer Seite zur anderen. Tut er das letztere, so entblößt er dem Mitspieler gegenüber seine Flanke und gibt zu verstehen, daß sein Verhalten nicht aggressiv gemeint ist.

Obwohl das Schwanzwedeln oft vor und während des Spieles zu beobachten ist, kann es nicht als eigentliches Spielsignal gewertet werden. Wie bereits besprochen, scheint es in erster Linie einen allgemeinen Erregungszustand und nicht einen bestimmten Wunsch oder ein bestimmtes Bedürfnis auszudrücken.

Die Anatomie

Alle Hunde, sogar der Bernhardiner und der Chihuahua, haben eine nahezu übereinstimmende Skelettform und die gleiche Anzahl von Knochen, die zudem bei allen Rassen ihrer Form nach ziemlich gleich sind. Eine jahrhundertelange Zucht brachte es jedoch mit sich, daß die relative Länge der Knochen von einer Rasse zur andern ganz beträchtlich differiert. Zum Beispiel hat der Scotchterrier nur sehr kurze Läufe und einen relativ großen Kopf, während der Greyhound sehr lange Läufe und ein relativ kleines Kopf- und Körperskelett besitzt.

Die Krallen eines Hundes sind das Pendant zu den menschlichen Finger- und Zehennägeln, doch sie sind viel stärker. Hunde können zum Teil deswegen nicht gut klettern, weil sie ihre Krallen nicht wie Katzen einziehen können. Darüber hinaus ist ihr Skelett im wesentlichen dafür eingerichtet, lange Entfernungen auf ziemlich flachem Terrain zu bewältigen, während das Skelett einer Katze sehr biegsam ist, dafür aber nur kurze Spurts zuläßt.

Der Schwanz eines Hundes hat eine andere Funktion als der einer Katze; er dient ihr zur Balance und als Verständigungsmittel. Die verschiedenen Hunderassen dagegen haben Ruten in allen Formen und Größen, doch haben sie keine große Bedeutung für das Gleichgewicht. Die Rute wird in erster Linie als Verständigungsmittel gebraucht: ihre verschiedenen Bewegungen bringen die Gefühle des Hundes dem Menschen und den Artgenossen gegenüber zum Ausdruck.

Jede Hunderasse hat die gleiche Anzahl an Schneide-, Eck-, Vorbacken- und Backenzähnen. Der Fachterminus Canini ist die Bezeichnung für die großen Reißzähne, die im Ober- und Unterkiefer seitlich vorne im Maul sitzen. Diese Zähne besitzen natürlich auch andere Gattungen, inklusive der Mensch.

Der Biß der Schneidezähne (Incisivi) variiert von Rasse zu Rasse. Wenn die sechs Schneidezähne des Ober- und Unterkiefers genau aufeinandertreffen, so bezeichnet man dies als Zangengebiß. Greifen die Schneidezähne des Oberkiefers etwas über die des Unterkiefers, haben wir ein Scherengebiß vor uns. Beim Vorbiß greifen die unteren Schneidezähne infolge einer Verkürzung des Oberkiefers vor die oberen, beim Hinterbiß verhält es sich umgekehrt.

Die Verschiedenheiten im Kiefer beruhen auf der Schädelstruktur, die durch lange Zuchtauslese stark beeinflußt worden ist. Wie auch beim Körperskelett gibt es beim Schädel grundlegende Übereinstimmungen innerhalb der Rassen, aber auch eine Variationsbreite.

Die Schädelbreite ist sehr unterschiedlich, was mit den Knochen unterhalb der Augen, den Jochbögen, zusammenhängt. Beim Labrador und Bernhardiner sind sie sehr stark und nach außen gewölbt, während sie beim Deutschen Schäferhund und Foxterrier bedeutend weniger betont sind.

Einige Rassen, darunter Irische Setter und Bluthunde, haben einen ausgeprägten Hinterhauptstachel – die Scheitelleiste auf dem Oberkopf. Dies bedeutet nicht, daß sie ein größeres Gehirn haben, doch Platz für Extramuskel, die zum Beißen dienen. Außerdem ist das ein wunderbarer Schutz gegen einen Schlag auf den Kopf und erklärt, wieso manche Hunde, ohne besonderen Schaden zu nehmen, starke Stöße am Kopf vertragen können.

Verschiedene Gebißformen

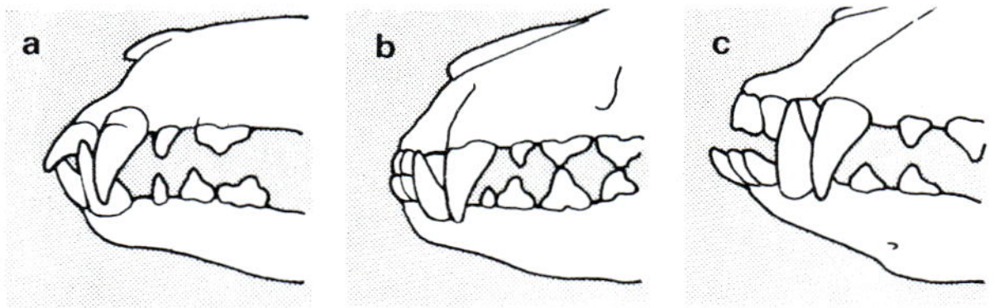

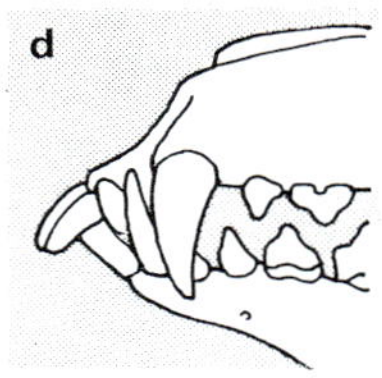

Der Biß der Schneidezähne ist je nach Rasse verschieden.

a Zangengebiß
b Scherengebiß
c Vorbiß
d Hinterbiß

Äußere Anatomie

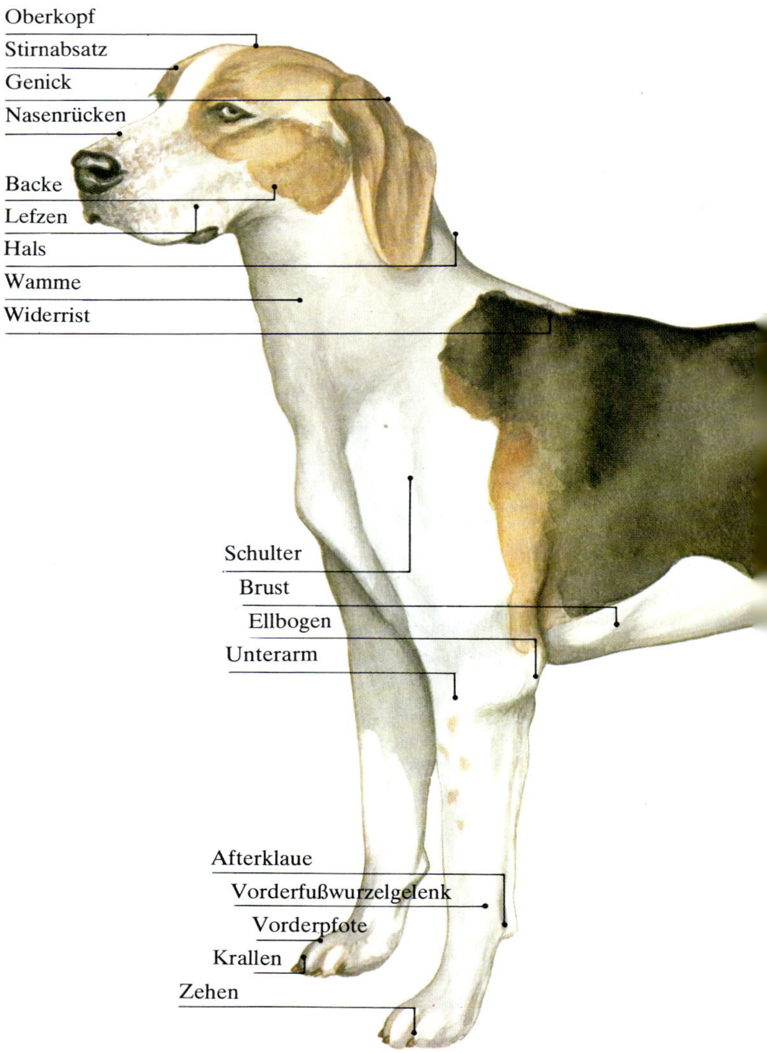

Die außergewöhnliche Knochenstruktur des Schottischen Terriers zeigt, wie selektive Zucht die verschiedensten Typen des Körperbaus hervorgebracht hat.

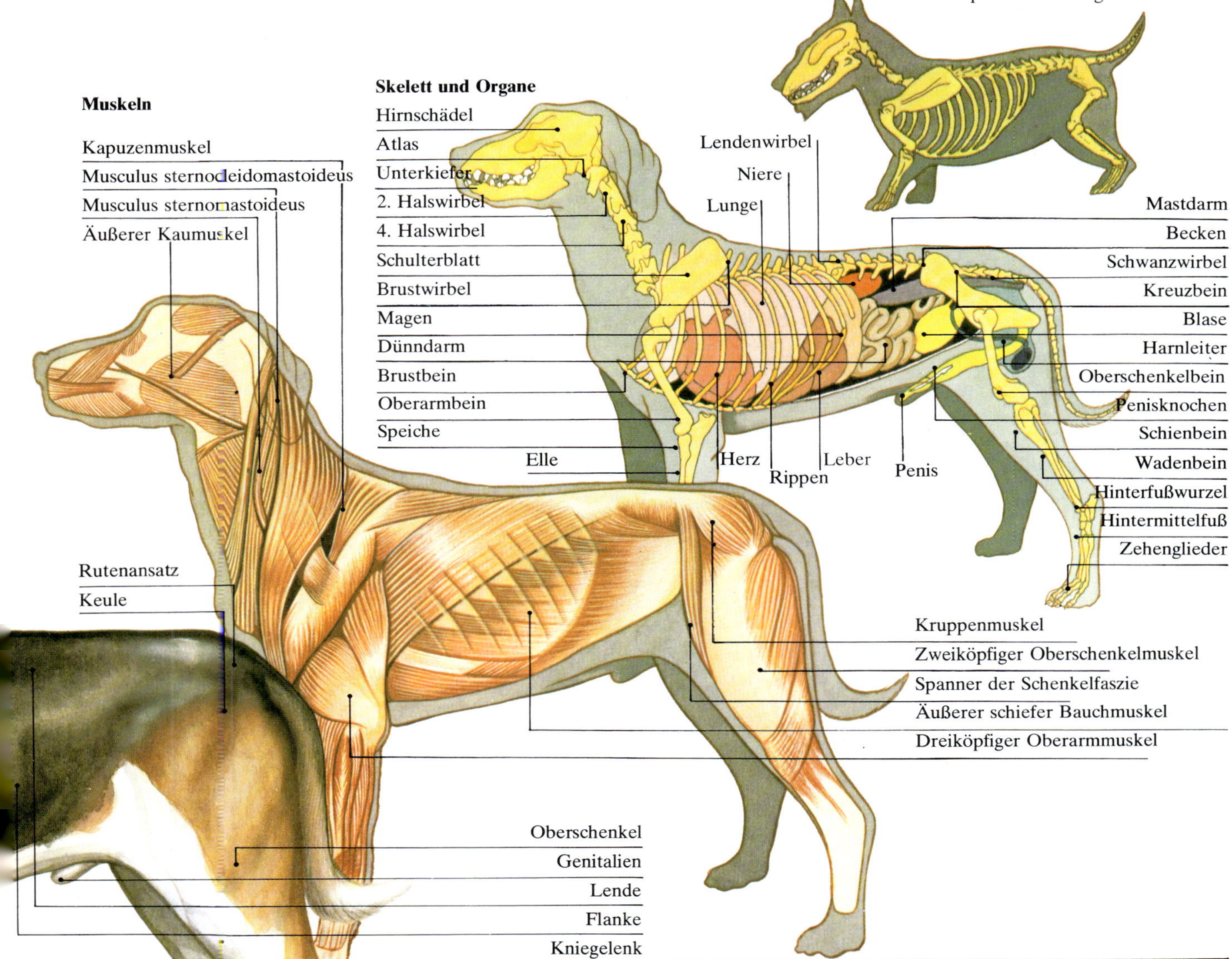

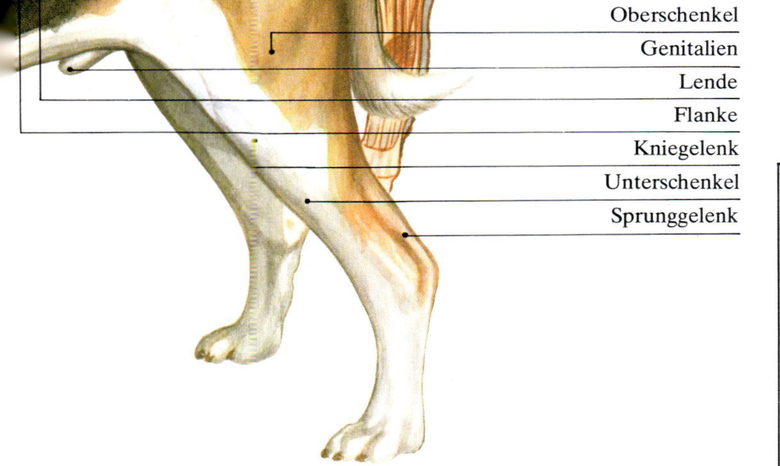

Besondere Ballen zum Laufen

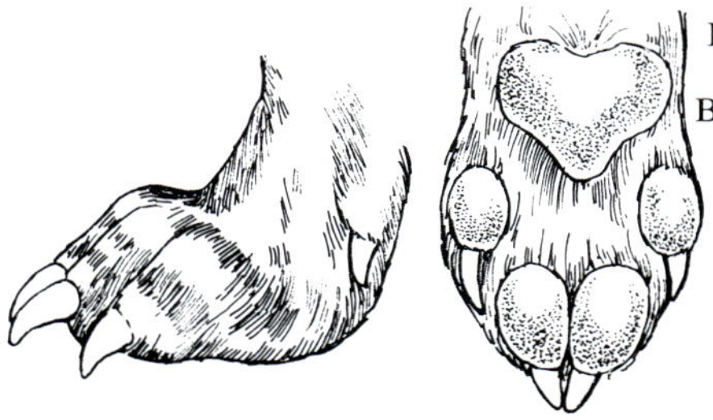

Die Sohle einer Hundepfote zeigt den einzelnen Ballen in der Mitte und vier Zehenballen. Eine fünfte Zehe, die Afterzehe oder Afterklaue, wird meist entfernt.

Andere Hunde – andere Felle

Die Zuchtauslese hat beim Hund nicht nur zu einer großen Verschiedenheit der Schädel und Körperskelette geführt, Ohren, Fellart und Haarfarbe variieren ebenfalls außerordentlich stark.

Die ursprünglichen Hunde hatten wahrscheinlich wolfsähnliche Ohren, heute Fuchsohren genannt, die bei gewissen Terriertypen noch zu sehen sind. Bei den meisten Rassen sind die Ohren aber jetzt etwas größer und werden Stehohren genannt. Die größten stehenden Ohren, wie bei der Französischen Bulldogge, werden als Fledermaus- oder Tulpenohren bezeichnet.

Alle Rassen mit stehenden Ohren und einige mit Knopf- oder Kippohren, die nach vorn überfallen, haben die Fähigkeit des Wolfes bewahrt, seine Ohren nach vorn und hinten zu bewegen. Dies verbessert das Hören, denn die Ohren dienen als Tonreflektoren und konzentrieren den Ton auf das innere Ohr, wo er wahrgenommen wird.

Das hat jedoch nicht zu bedeuten, daß Hunde mit Hängeohren, wie Spaniel, Pointer und Labrador, nicht gut hören können, doch ihre Empfindlichkeit für Geräusche ist meist weniger ausgebildet als bei anderen Rassen. Manche Hunde mit Hängeohren haben einen hoch entwickelten Geruchssinn, wofür der Bluthund bestes Beispiel ist.

Die frühesten wolfähnlichen Hunde hatten ein Haarkleid, das aus dicker, kurzer Unterwolle und längeren, dicht anliegenden, schlichten Deckhaaren bestand. Die Selektionszucht hat dann alle möglichen Variationen dieser Fellart hervorgebracht. Ein Extrem ist der mexikanische Nackthund, der höchstens ein paar spärliche Haare auf dem Kopf hat, ein anderes der Rough Collie mit besonders langem Deckhaar. Zwei ungarische Rassen, der Komondor und der Puli, haben sehr lange und dichte Deckhaare, die in schmalen Filzplatten herabhängen. Der Afghane hat ein feines, doch ganz besonders langes Deckhaar, daß äußerst sorgfältig gepflegt werden muß.

Ohrformen

Die Fledermausohren der Französischen Bulldogge **oben** wirken als Geräuschreflektoren und stehen im Gegensatz zu den langen, Hängeohren des Bluthundes **unten**.

Die Fellarten bei Hunden sind vielfältig. **Links** die seidigen, feinen Haare der Afghanen. **Unten von links nach rechts** der merkwürdige bürstenartige Haarstreifen des Rhodesian Ridgeback, der mexikanische Nackthund, und das gekräuselte Fell des Irischen Wasserspaniels.

Kurze Haare, wie beim Weimaraner und Boxer, sind sehr verbreitet, ebenso das Drahthaar, das sich hart anfühlt. Bei diesen Grundtypen gibt es dann noch alle möglichen Variationen: das Haar kann flockig sein wie bei einem Pudel, wollig wie bei einem Husky oder gekraust wie bei einem Irischen Wasserspaniel.

Das Haarkleid des Hundes, selbst das der kurzhaarigen Rassen, ist ein ausgezeichneter Isolator. Das Haar fängt eine Luftschicht ein, die ihn vor Kälte schützt.

Die Haut der ersten Hunde war straff wegen der starken Muskulatur darunter. Bei manchen Rassen ist sie viel lockerer geworden, was sich besonders bei einigen kurzhaarigen Rassen zeigt, vor allem an Gesicht und Hals. Ein extremes Beispiel hierfür ist der Bluthund, der eine sogenannte Wamme an Kehle und Hals hat.

Farbe und Musterung des Felles haben sich durch die Zucht ebenfalls stark verändert. Der erste Wolf hatte vor allem am Gesicht eine dunkle Musterung, die durchaus in der Farbe variierte. Sie gab aber die Grundlage für all die verschiedenen Musterungen der heutigen Hunderassen ab.

Haar des Hundes

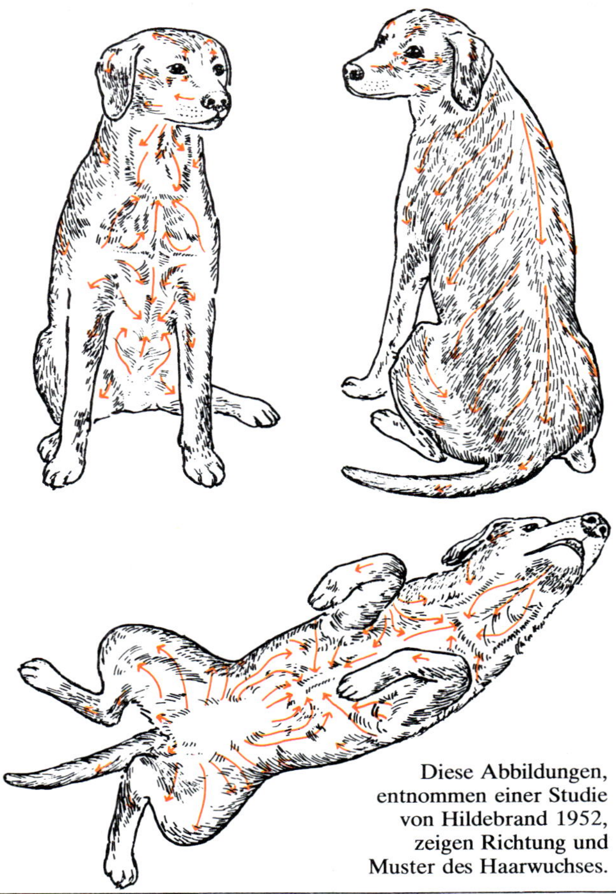

Diese Abbildungen, entnommen einer Studie von Hildebrand 1952, zeigen Richtung und Muster des Haarwuchses.

Laufen und Springen

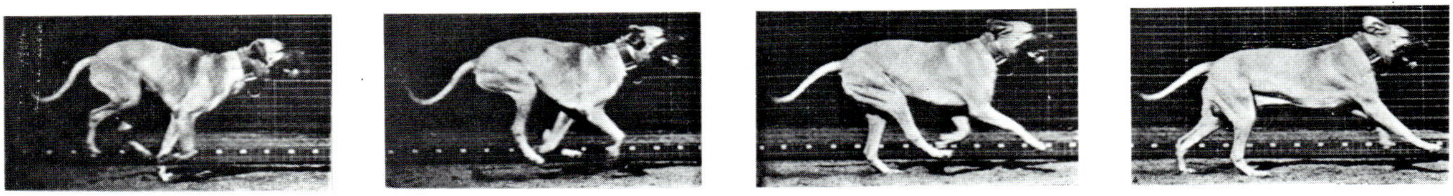

Die Illustration zeigt im Vergleich die höchstmögliche Schnelligkeit des Menschen und verschiedener Tiere über eine kurze Distanz. Der Greyhound ist eine der schnellsten Hunderassen.

Meilen/Std.	25	37	40	44	45
km	40	59	64	70	72

Der Hund ist so gebaut, daß er lange Strecken schnell laufen kann. Beim Greyhound sind gewisse körperliche Merkmale durch selektive Zucht so übertrieben entwickelt worden, daß dieses Tier nun über kurze Entfernungen 40 Meilen pro Stunde bewältigen kann.

Der Greyhound hat ein so biegsames Skelett, daß er beim Laufen auf flachem Boden seine Hinterläufe extrem weit nach vorne setzen und mit ihnen über die Spur der Vorderläufe hinauskommen kann. Hunde wie der Dachshund und die Bassets dagegen, die lange Rücken und kurze Beine haben, bleiben mit ihren Hinterläufen deutlich hinter der Spur der Vorderläufe.

Wenn ein Hund rennt, muß sein Körper parallel zum Boden sein. Dies bedeutet, daß ein Hund, bei dem die Lendenpartie höher liegt als der Widerrist – wie etwa die Englische Bulldogge –, mit den Vorderläufen sehr viel mehr Arbeit leisten muß als ein Hund mit gleichmäßigerer Gewichtsverteilung.

Die Winkelung der Hinterläufe variiert von Rasse zu Rasse sehr stark. Der Deutsche Schäferhund hat eine stark gewinkelte Hinterhand, so daß seine Hinterfüße gut hinter der Kruppe stehen.

Gewichtsverteilung, Winkelung und Körperlänge im Verhältnis zur Länge der Gliedmaßen sind sicher von großem Einfluß auf das Gleichgewicht des Hundes. Diese Faktoren bewirken die charakteristischen Gangarten der verschiedenen Rassen, kommen aber überhaupt erst bei einer bestimmten Geschwindigkeit zum Vorschein.

Beim langsamen Schritt berühren Hunde nur mit drei Füßen gleichzeitig den Boden, beim schnellen hin und wieder mit zwei, beim Traben mit nie mehr als zwei (immer nur den beiden diagonal einander gegenüberstehenden), beim Galopp mit nur einem Fuß, doch kann es kurze Augenblicke geben, in

Die Bilderfolge veranschaulicht die Körperbewegungen eines laufenden Hundes. Sein Körper ist darauf eingerichtet, lange Entfernungen zu bewältigen, weniger aber zu klettern, obwohl ein Hund auch dazu abgerichtet werden kann, **rechts.**

denen der Hund den Boden gar nicht mehr berührt. Die einzige Ausnahme ist der Greyhound, der seine Vorder- und Hinterbeine beim Galopp paarweise einsetzt.

Durch die nahe Verwandtschaft mit dem Wolf besaßen die ersten Hunde große Ausdauer. Diese Fähigkeit ist auch heute noch allen Rassen eigen, doch wird sie selten auf die Probe gestellt. Selbst die kleinsten Hunde, auch solche mit langen Körpern und kurzen Füßen, können große Entfernungen bewältigen, doch ist es wahrscheinlich nur der Husky, der sich in dieser Hinsicht heute noch zu bewähren hat.

Huskies sind außerordentlich ausdauernd und können unter den harten Bedingungen in der Arktis ihre Schlitten über riesige Entfernungen ziehen. Von einem Team weiß man, daß es mit ihnen 522 Meilen in 80 Stunden bewältigte. Der Husky erbringt pro Tag eine Arbeitsleistung von acht Stunden und zieht bei einem Tempo von zwei bis drei Meilen in der Stunde das Doppelte seines Eigengewichts. Er ist dem Wolf am ähnlichsten, was den Bau seiner Gliedmaßen und seines Rumpfes betrifft, ebenso in seiner Ausdauer, denn auch Wölfe können in kurzer Zeit große Entfernungen überwinden. Es wird behauptet, daß die Eskimos früher ihre Huskies mit Wölfen kreuzten, um ihnen mehr Stärke zu geben.

Beim Klettern oder Springen leistet der Hund weniger, seine Füße und Beine sind nicht zum Greifen geschaffen. Polizei- und Militärhunde können dazu abgerichtet werden, mit Schwung Kletterwände zu überwinden, so, als würden sie einfach einen steilen Hang hinaufrennen.

Hunde können im Gegensatz zu Katzen nur über kleine Hindernisse springen. Wenn ein Tier springt, dann beugt es die Muskeln seiner Hinterläufe sehr schnell. Die Muskeln eines Hundes jedoch sind so an seinen Knochen befestigt, daß sie nicht plötzlich gebeugt werden können.

Aufgenommen im rasanten Sprung, zeigt dieser Gordonsetter sein ganzes physisches Können. Gelegenheiten, dies zu üben, sind für alle Hunde wichtig.

Das Sehvermögen des Hundes

Im Gegensatz zum Geruchssinn und dem Gehör ist das Sehvermögen des Hundes im Vergleich zum Menschen schwächer. Es wurde oft behauptet, daß Hunde farbenblind sind, doch das wird heute bestritten. Im Auge gibt es zwei Arten von Zellen, die Licht empfinden können: Stäbchen und Zäpfchen. Zusammen bilden sie die innerste Haut des Augapfels, die Retina. Der Hund hat weit mehr Stäbchen als Zäpfchen. Die Stäbchen reagieren empfindlich bei schwachem Licht, können aber nur schwarz und weiß wahrnehmen. Die wenigen Zäpfchen, die der Hund besitzt, ermöglichen dagegen ein schwaches Farbensehen, jedoch weiß man nicht, ob der Hund davon sehr viel Gebrauch macht.

Durch die hohe Anzahl von Stäbchenrezeptoren sieht der Hund bei schlechten Lichtverhältnissen sehr viel besser als der Mensch. Seine Sehfähigkeit bei Nacht ist zudem verstärkt durch eine besondere lichtreflektierende Schicht im Augenhintergrund, das *Tapetum lucidum*. Bei Lichteinfall – etwa durch Autoscheinwerfer – leuchtet das Tapetum sichtbar rötlich auf. Alles Licht, das auf das Auge des Hundes fällt, dringt zuerst durch die Schicht der Stäbchen und wird dann durch sie wieder zurückreflektiert. Dies vergrößert zwar die Lichtempfindlichkeit des Auges, hat aber einen Verlust von Detailsicht zur Folge.

Anders als der Mensch kann der Hund Gegenstände nur dann gut sehen, wenn sie sich bewegen oder wenn er sich selbst bewegt. Zum Beispiel können die Handbewegungen eines Schafhirten von seinem Hund noch auf eine Meile Entfernung wahrgenommen werden.

Hunde reagieren auf alles, was sich plötzlich oder ungewohnt bewegt, außerordentlich schnell. Diese Eigenschaft wird bei Apportierhunden, Pointern und anderen Jagdhunden ausgenutzt. Blindenhunde setzen diese Fähigkeit immer dann ein, wenn sie ihre Schützlinge durch Menschenmengen und über vielbefahrene Straßen führen.

Ein weiterer Unterschied zwischen dem Sehvermögen eines Hundes und dem eines Menschen ergibt sich durch die Lage der Augen im Kopf. Die Augen eines Menschen sind nach vorn gerichtet, und das Blickfeld überschneidet sich fast vollständig zwischen beiden Augen; beim Hund überschneidet es sich weniger und ist zur Seite mehr oder weniger vergrößert, je nach Gesichtsform der betreffenden Rasse. Deshalb können Hunde Entfernung weniger gut einschätzen als Menschen, nehmen aber Bewegung über ein sehr viel weiteres Gesichtsfeld wahr.

Die Diagramme zeigen, wie verschieden Mensch und Hund die Außenwelt bei Tag und bei Nacht wahrnehmen.

Bei Tag
Bei Tag sieht der Hund schlechter als der Mensch. Farbe, statische Gegenstände und Details nimmt er nur unzulänglich wahr, bewegliche Gegenstände dagegen sehr gut. Eine winkende Hand sieht er bis auf eine Meile entfernt.

Das Gesichtsfeld

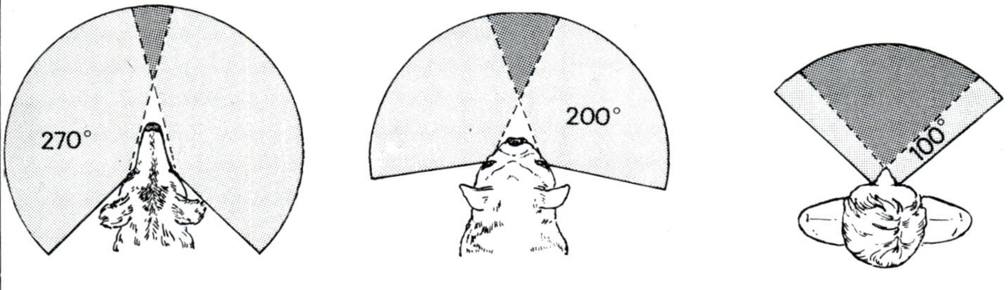

Die Weite des Blickfeldes ist von der Lage der Augen im Kopf abhängig. Die Augenachsen beim Hund divergieren um 30–50°, wodurch sich das Blickfeld im Vergleich zum Menschen seit- und rückwärts stark vergrößert.
Die Augen des Menschen sind nach vorn gerichtet und daher fähig, klarer zu fokussieren.

Bei Nacht
Das Vorherrschen der Stäbchen-Rezeptoren im Auge des Hundes erlaubt es ihm, unter schlechten Lichtverhältnissen besser zu sehen als der Mensch. Seine Fähigkeit, nachts zu sehen, wird außerdem durch eine besondere reflektierende Schicht im Augenhintergrund verstärkt, welche die Lichtempfindlichkeit des Auges vergrößert.

Hören des Ultraschalls

Die Sinnesorgane Gehör und Geruch sind beim Hund weit höher entwickelt als beim Menschen. Vor allem kann der Hund hohe Töne hören, die das menschliche Ohr nicht mehr wahrnimmt.

Untersuchungen zeigen, daß Hund wie Mensch tiefe Töne dagegen ganz ähnlich wahrnehmen. Je höher die Frequenz, desto empfindlicher reagiert der Hund, und die obere Grenze seines Hörvermögens liegt entscheidend höher als beim Menschen.

Kinder können Töne bis zur Frequenz von etwa 20 Kilohertz (kHz) wahrnehmen, Erwachsene etwas weniger, Hunde bis zu 35 kHz, einige Fachleute sind der Ansicht, daß die obere Grenze sogar bei 100 kHz liegt. Die Fähigkeit, Töne zu

Das Gehör des Hundes ist dem des Menschen überlegen.

Die Ohren wirken in ihrer Muschelform als Trichter.

Die Hörfähigkeit des Hundes ist so entwickelt, daß er auf große Entfernung hin die Stimme seines Herrn unterscheiden kann. Er weiß auch, ob sich ein Freund oder Eindringling nähert.

Hörvergleich zwischen Mensch und Hund

Hunde können Töne hören, die der Mensch nicht wahrnimmt, etwa den hohen Ruf einer Fledermaus.

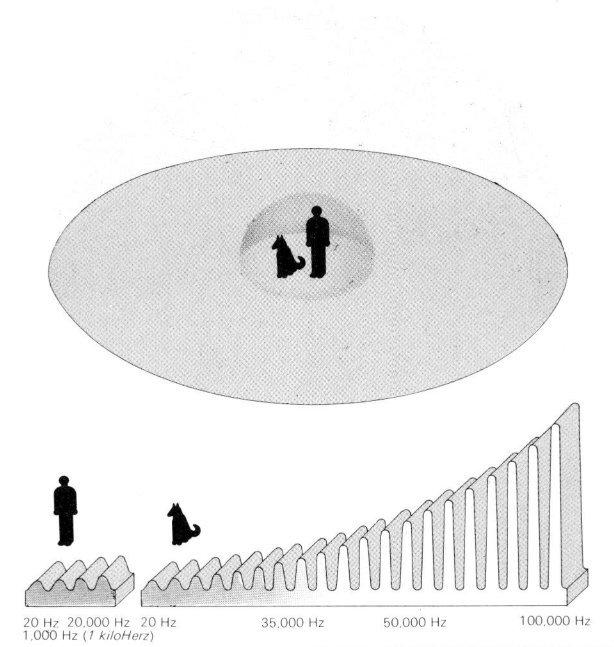

hören, die das menschliche Ohr nicht mehr wahrnimmt, das Hören des Ultraschalls also, ermöglichen dem Hund, Laute von vielen kleinen Säugetieren, wie Spitzmäusen, Mäusen und Wühlmäusen, zu hören. Dies ist offenbar eine evolutionsbedingte Anpassung, die dem Hund dabei hilft, Beute dieser Art jagen zu können. Hunde nehmen auch die Laute von Fledermäusen wahr, die für das menschliche Gehör meist zu hoch sind.

Mit diesem hochempfindlichen Ohr kann der Hund auf die »lautlose Hundepfeife« reagieren, die sich für ihn in keiner Weise von einer normalen Pfeife unterscheidet.

Ohne jeden Zweifel hört der Hund Töne, vor allem Infratöne, besser als der Mensch. Im Vergleich zu ihm kann er sogar Töne aus vierfacher Entfernung wahrnehmen. Wahrscheinlich unterscheidet er Frequenzen überhaupt besser, da er die große Skala von Worten, die bei seiner Abrichtung benutzt werden, auseinanderhalten kann.

Bei Vorgängen des täglichen Lebens zeigt sich immer wieder die Überlegenheit des Hundegehörs, etwa bei der Unterscheidung von Autogeräuschen oder Schritten bestimmter, ihnen vertrauter Menschen. Untersuchungen darüber haben keine Anhaltspunkte ergeben, wodurch Hunde diese Geräusche differenzieren können, doch vielleicht hilft ihnen dabei ihre Fähigkeit, sehr genau den Ausgangspunkt einer Geräuschquelle zu lokalisieren. Der Hund kann seine Ohren unabhängig voneinander bewegen und eines oder beide genau auf die Geräuschquelle richten. Er kann allein vom Ton her die Wegrichtung von Fußschritten oder eines Wagens bestimmen.

Der Hund benutzt ein Ohr, um die Geräuschquelle zu orten.

Die Ohren werden gespitzt, um alle Töne aufzunehmen.

Eine spürsichere Nase

Das Geruchsvermögen eines Hundes ist mindestens 100mal besser als das eines Menschen, und manche Leute sind sogar der Ansicht, daß es bis zu 100 Millionen Male besser ist. Die realistischere Zahl ist jedoch die niedrigere. Die Schwankungen erklären sich aus den verschiedenen Untersuchungsmethoden und den unterschiedlichen Chemikalien hinsichtlich Art und Stärke des Geruchs, die zu solchen Versuchen eingesetzt werden.

Zweifellos ist der Geruchssinn des Hundes besser entwickelt als seine anderen Sinne. Jeder Hundebesitzer weiß, daß sein Hund mit größtem Interesse neue Gegenstände, fremde Hunde und unbekannte Menschen erst einmal eingehend beschnuppert.

Die Riechfläche ist bei einem Hund ungefähr vierzehnmal größer als beim Menschen. Ebenso ist der Teil des Hundegehirns, der mit dem Geruch zu tun hat, proportional viel größer und besser entwickelt als der im menschlichen Gehirn und hat schätzungsweise 40mal soviel Zellen. Unbewiesen bleibt die Annahme, daß die Geruchszellen des Hundes empfindlicher sind als die des Menschen.

Hunde können sich auf ihren Geruchssinn verlassen. Seit Tausenden von Jahren werden sie eingesetzt, um Wild aufzu-

spüren, in Frankreich, um Trüffel ausfindig zu machen, die unter der Erde wachsen.

Von der Polizei und dem Militär werden sie gebraucht, um Menschen aufzuspüren und bestimmte Gegenstände zu finden. Ein gut abgerichteter Spürhund kann dem Geruch eines bestimmten Menschen folgen, selbst wenn dieser Geruch von Spuren vieler anderer Menschen verdeckt ist. Die besten können einer Spur folgen, die mehrere Tage alt ist. Aber auch Spürhunde sind nicht unfehlbar, denn sie können durch widrige Umstände, wie Temperaturen, Feuchtigkeit, Regen, Wind und besondere Gerüche, von ihrer Spur abgebracht werden. Über die spürsichere Nase eines Hundes, der den Geruch eines bestimmten Menschen aufgenommen hat, ist sogar festgestellt worden, daß eineiige Zwillinge denselben Geruch haben. Der Hund wird der Spur beider Zwillinge folgen, auch wenn er nur den Geruch von einem der beiden in der Nase hat.

In den letzten Jahren sind Fährtenhunde von Polizei und Militär in weitem Maße eingesetzt worden. Sie wurden speziell abgerichtet, um besondere Substanzen, vor allem Sprengstoffe und illegale Drogen, ausfindig zu machen, und sie haben sich bei dieser Arbeit als viel zuverlässiger erwiesen als jede Maschine.

Die Fähigkeit des Hundes, Gerüche selbst in niedrigster Konzentration wahrzunehmen, wird vom Menschen genützt.
Oben: Ein Militärhund sucht nach versteckten Waffen.
Links: Manche Hunde werden in Frankreich dazu abgerichtet, Trüffel aufzuspüren.

Die Mitteilung durch Laute

Wir haben bereits darüber gesprochen, wie empfindlich der Hund auf alle Laute reagiert. Es ist daher auch nicht verwunderlich, wenn er selber diese Mitteilungsform sehr oft gebraucht, nicht nur anderen Hunden gegenüber, sondern auch Menschen.

Die Mitteilung durch Laute beginnt sofort nach der Geburt der Welpen. Der erste Laut ist ein jaulender Ton, meist durch eine unbehagliche Situation ausgelöst, etwa wenn die Mutter zufällig auf einem der Welpen sitzt. Wenn das Junge friert oder hungrig ist, winselt oder fiept es vor sich hin. Das Junge will dadurch wahrscheinlich die Aufmerksamkeit der Mutter auf sich lenken, beobachtet wurde jedoch, daß die Mutter im allgemeinen nur reagiert, wenn sie das Junge nicht nur hören, sondern auch sehen kann.

Auch erwachsene Hunde geben einen winselnden Klagelaut von sich. Sie tun dies viel häufiger als erwachsene Wölfe, vielleicht weil sie durch Generationen von ihren Besitzern dazu ermutigt worden sind. Sobald ein Hund gemerkt hat, daß Winseln bei seinem Herrn Anteilnahme erregt, wird er sicher immer zu winseln anfangen, wenn er bekümmert ist. Es ist bezeichnend, daß erwachsene Hunde sich kaum gegenseitig anwinseln.

Das Bellen ist der häufigste Laut des erwachsenen Hundes, obwohl einige Hunde niemals bellen, und es ist ein Rassenmerkmal der Basenjis, daß sie nur sehr selten bellen. Erwachsene Wölfe bellen selten, und wenn sie es tun, so immer nur, um Alarm zu geben, eine Drohung auszudrücken oder Aufregung während einer Jagd anzuzeigen.

Auch Hunde bellen in all diesen Situationen. Daß sie überhaupt oft bellen, geht auf die Frühzeit ihrer Domestizierung zurück. Ein Hund in der prähistorischen Ansiedlung konnte die Menschen vor einer drohenden Gefahr warnen, diese beschützende Rolle spielt der Hund auch heute noch im Hause. Dieses Bellen im heimatlichen Revier kann auch auf Hunde in der Nachbarschaft übergehen, wobei dann oft mehrere Hunde mit einstimmen. Man weiß nicht genau, was dieses Bellen den anderen Hunden sagt, vielleicht zeigt es ihnen Wachsamkeit oder Erregung.

Das Heulen ist der bekannteste Laut der Wölfe, und auch bei Rassen wie dem Malamute und dem Sibirischen Husky wird es immer wieder eingesetzt. Eine Analyse des Wolfsgeheuls erbrachte, daß es sich hierbei um ein sehr kompliziertes Geräusch handelt und daß jeder Wolf einen besonderen Heullaut besitzt.

Es wird die Meinung vertreten, daß es mehr als eine Art des Heulens gibt: das Geheul der Einsamkeit, das sofort von einem andern Hund oder Wolf beantwortet wird, und der Heullaut, der auf der Jagd ausgestoßen wird – der Spurlaut. Vielleicht ist dies ein Äquivalent für die Heullaute, die Wölfe manchmal nach dem Fressen ausstoßen, deren Mitteilungsfunktion jedoch unbekannt ist.

Der Laut mit der eindeutigsten Aussage für Mensch und Hund ist das drohende Knurren. Wenn Hunde miteinander kämpfen oder wenn ein verängstigter Hund von einem Menschen in die Enge getrieben wird, knurrt er zum Zeichen der Warnung.

Links: Das bedrohliche Heulen eines verängstigten Hundes ist in seinem Ausdruck unmißverständlich.
Gegenüber: Bellen kann Munterkeit, Warnung oder Verteidigung des Reviers bedeuten.

Die Mitteilung durch Gerüche

Menschen, deren Welt vom Sehen und Hören bestimmt ist, können sich nur schwer vorstellen, wie ein Hund seine Umgebung und andere Hunde wahrnimmt. Die Welt des Hundes muß von unserer tatsächlich sehr verschieden sein: anstatt sich die Hände zu schütteln oder einander anzusehen, beginnt eine Hundebegegnung damit, daß jeder des anderen Geruch feststellt.

Der Geruchssinn spielt bei der Mitteilung die wichtigste Rolle. Allzu bekannt ist das Beispiel des Rüden, der an Bäumen und Straßenecken durch seine Harnspritze eine »Duftmarke« hinterläßt.

Es wird allgemein angenommen, daß Rüden ihre »Duftmarke« hinterlassen, um ihr Territorium abzustecken. Männliche Wölfe und Füchse reagieren ebenso und markieren einige Schlüsselpunkte an den Grenzen ihres Territoriums, vor allem da, wo es an den Bereich anderer Hunde oder Rudel angrenzt.

In der Stadt verteilt ein Rüde seinen Duft ziemlich verschwenderisch. Er muß nämlich immer wieder sein Territorium neu markieren, weil sein Geruch von vielen anderen Düften überdeckt worden ist. Die offenbar unerschöpfliche Blase eines Rüden kann sich manchmal ganz leeren, trotzdem wird er weiter sein Bein heben. Meist löst der Geruch eines anderen Rüden das Harnspritzen aus, dieselbe Wirkung haben starker Öl- oder Tabakgeruch. Der Harngeruch einer läufigen Hündin veranlaßt jeden Rüden, seinen eigenen Duft zu hinterlassen. In dieser Zeit enthält der Harn einer Hündin bestimmte Geruchsstoffe, die auch an der Hündin selbst zu riechen sind. Die Rüden können dem Geruch gegen den Wind folgen und finden daher die Hündin sehr schnell, warten auf sie vor dem Haus und drängen sich um sie, wenn sie spazierengeführt wird.

Hunde hinterlassen jedoch noch auf andere Weise ihre Gerüche. Wenn ein Hund mit seinen Hinterläufen den Boden aufkratzt, hinterläßt er damit wahrscheinlich einen Geruch, der aus den Schweißdrüsen der Fußballen dringt. Hunden genügt ihr eigener Duft manchmal nicht, und sie wälzen sich daher in allen möglichen stark riechenden Stoffen. Dies hat man auch bei wild lebenden Hunden beobachtet. Wenn sich ein Hund auf diese Weise mit einem besonders starken Duft versieht, kann er anderen Hunden, die an ihm schnuppern, beweisen, welch enormer Kerl ist.

Rechts: Zwei Formen der Begegnung. Menschen schütteln sich die Hände, während Hunde, bei denen der Geruchssinn am höchsten entwickelt ist, sich gegenseitig beschnuppern.

Wenn ein Hund mit seinen Hinterläufen scharrt, hinterläßt er einen Geruch aus seinen Schweißdrüsen an den Ballen der Pfote.

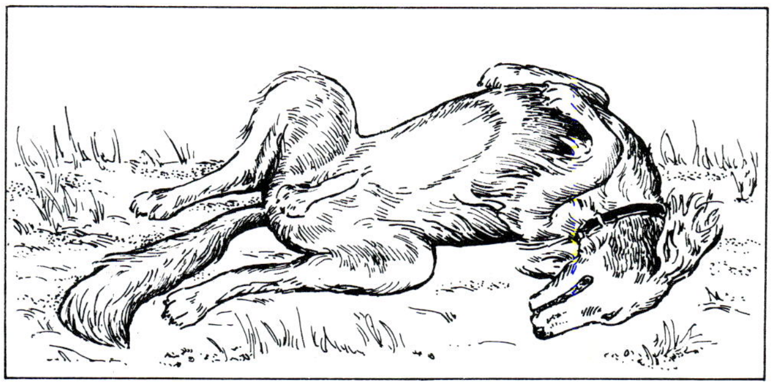

Hunde wälzen sich gerne in übelriechenden Stoffen, damit der starke Geruch anderen Respekt einflößt.

Ein erwachsener Hund markiert sein Revier, indem er an Bäumen und Laternenpfählen Harn verspritzt.

Stellung des unreifen Rüden beim Harnlassen.

Die Hündin hebt nicht ihr Hinterbein, sondern hockt sich hin.

Aggressive Instinkte

Beschützen des Hauses, Verteidigung des Wurfes und das Verjagen nachbarlicher Katzen sind alles angeborene aggressive Verhaltensweisen des Hundes. Auch ein ängstlicher oder rivalisierender männlicher Hund kann sich in einer unbekannten oder bedrohlichen Situation aggressiv verhalten. Der Mensch hat diese natürliche Aggressivität des Hundes ausgenutzt und ihn dazu abgerichtet, auf Befehl anzugreifen.

Ein französischer Militärhund beim Angriff, der nur auf Befehl folgt.

Der räuberische Hund

Als Fleischfresser hat der Hund den Trieb, Beute zu jagen und zu fangen. Dieses Verhalten demonstriert am besten eine Hundemeute, die entweder einen Fuchs, Hasen oder ein Reh jagt. Allerdings muß sich der Haushund mit anderen Tieren zufriedengeben, die er jagen kann.

Die meisten Stadthunde werden instinktiv nach einem Kaninchen jagen, wenn sie dazu auf dem Land Gelegenheit haben. Innerhalb der Städte sind jedoch Katzen die einzige Beute. Sie sind ausgezeichnete Jagdobjekte, ohne daß es dabei ein Blutvergießen gibt. Meistens entkommen sie, manchmal verstecken sie sich oder beenden die unerfreuliche Konfrontation mit Zischen.

Ein Haushund, der auf landwirtschaftliches Terrain kommt, ist versucht, Schafe zu jagen, und richtet damit beträchtliche Verwirrung an. Ein Hund, der mit Schafen aufgewachsen ist, wird dies nicht tun. Dasselbe gilt für den Stadthund, der im gleichen Haus mit einer Katze aufgewachsen ist. Was immer auch seine Instinkte sind, ein Hund erkennt es an, daß gewisse andere Geschöpfe sein Heim mit ihm teilen, und diese akzeptieren ihrerseits seine Gegenwart. Dieses Einvernehmen ist Teil eines Lernprozesses sowohl des Hundes wie der Katze. Der Hund wird auch normalerweise keinen Menschen verfolgen oder angreifen, wenn er nicht von ihm dazu herausgefordert wurde.

In Angriffsstellung geht er nur dann, wenn ihn ein Mensch verletzt, wenn er verängstigt oder sein Territorium bedroht ist. In all diesen Fällen ist der Hund aggressiv, jedoch nicht räuberisch.

Sind Hund und Katze von klein auf aneinander gewöhnt, leben sie in größter Eintracht zusammen. Andernfalls verfolgt der Hund auch in der Stadt unablässig Katzen, bedingt durch seinen natürlichen Trieb, als Fleischfresser seine Beute zu erjagen, **links.**

Das Territorium des Hundes

Hunde neigen dazu, ihr Territorium vor Menschen und Artgenossen zu verteidigen, nicht jedoch vor anderen Tieren. Dies kommt wohl daher, daß ein Hund, der mit anderen Hunden und Menschen aufgewachsen ist, in ihnen Artgenossen und dadurch eine potentielle Gefahr für sein Territorium sieht.

In einer Meute übernimmt der dominante Hund (wahrscheinlich ein Rüde) die Verantwortung für die Verteidigung des Territoriums. Allein auf dem eigenen Terrain wird selbst die kleinste Hündin Angriffslust und Verteidigungsbereitschaft zeigen, unabhängig von Größe und Geschlecht des Eindringlings. Meist reicht eine Drohgebärde zur Verteidigung. Der Eindringling zieht sich zurück, bevor der Kampf beginnt.

Besuchern seines Herrn gegenüber verhält sich der Hund wahrscheinlich nicht aggressiv. Erst recht dann, wenn der Hund von seinem Herrn eindeutig beherrscht wird. Der Haushund betrachtet die Familie als sein »Rudel« und über-

Oben und links: Ein Hund verteidigt sein Revier vor anderen Hunden und Menschen, die er als zu seiner eigenen Art gehörig betrachtet. Das Revier kann entweder die Hundehütte sein oder das Haus des »Rudels« – das seines Herrn.

läßt daher dem Herrn die Verteidigung. Verhält sich der Besitzer seinem Besucher gegenüber nicht feindlich, tut er es auch nicht. Dies verführt manche Menschen zu der falschen Annahme, ihre Hunde seien als Wach- und Schutzhunde ungeeignet. In Abwesenheit ihrer Besitzer können sich Hunde allerdings ganz anders verhalten und mutig ihr Territorium verteidigen.

Es gibt aber noch einen anderen Grund, weswegen Hunde zögern, einen Eindringling zu verjagen. Es kann sie ganz einfach verwirren, wenn der Eindringling keine Anstalten macht, fortzulaufen. Bleiben die Bemühungen des Hundes lange ohne Erfolg, büßt er allmählich seine natürliche Angriffslust ein. Wenn auf der anderen Seite der Besucher so schnell verschwindet, wie er gekommen ist, scheint die Verteidigung des Territoriums geglückt, und der Hund ist durch seinen Erfolg außerordentlich ermutigt. Dies erklärt auch, weshalb Hunde dazu neigen, vor allem Briefträger als Zielobjekte ihrer territorialen Aggression zu bevorzugen.

Beschützende Hündin, angriffslustiger Rüde

Aggression der Rüden untereinander und Aggression der schützenden Hündin sind beide von Sexualhormonen, die von den Hoden oder Eierstöcken produziert werden, beeinflußt. Rüden haben die angeborene Neigung, andere Rüden zu bedrohen oder zu bekämpfen. Kämpfe dieser Art sind den Hündinnen fremd wie andererseits den Rüden die Aggression von Hündinnen.

Es schließen sich aber die verschiedenen Formen der Aggression nicht aus. Oft können mehrere Faktoren im Spiel sein, die aggressives Verhalten auslösen. Treffen sich zum Beispiel zwei Rüden auf einem Weg, den sie regelmäßig benutzen, bekämpfen sie sich zum Teil aus territorialen, zum Teil aus Rivalitätsgründen. Auf neutralem Boden, einem Park oder einer Stadtanlage, bekämpfen sie sich aus rein männlichem Aggressionstrieb.

Diese Art Aggression hängt eindeutig vom männlichen Sexualhormon ab. Bei diesbezüglichen Untersuchungen stellte sich heraus, daß ungefähr die Hälfte der Hunde nach einer Kastrierung weniger Aggression zeigte als vorher. Die durch Angst oder territoriale Bedrohung ausgelöste Aggression dagegen blieb.

Kastrierte Hunde zeigten aber Verhaltensstörungen, weil sie andere Rüden wahllos bedrohten oder bekämpften, wenn sie ihnen unterwegs begegneten. Wenige Rüden jedoch sind so aggressiv, daß es zu größeren Schwierigkeiten kommt. Sie haben schon als Welpen genügend soziales Verhalten gelernt. Soziales Verhalten und Erziehung sind für Ausstellungshunde besonders wichtig, weil im Ring Aggression nicht geduldet und der aggressive Hund schlechter beurteilt oder gar disqualifiziert wird.

Aggressives Verhalten von Muttertieren kann man bei den meisten wilden Tiere beobachten, sogar bei jenen, die sonst nicht aggressiv sind. Wahrscheinlich hängt dies vom hormonellen Zustand der Hündin nach der Geburt, aber auch von der Gegenwart der Jungen ab.

Während sonst die Aggression von einer Drohung eingeleitet wird, kann eine Mutter auch ohne Warnung angreifen, wenn sie befürchtet, daß ihren Jungen etwas geschieht. Diese Art von Aggression führt jedoch meist nicht zu schlimmen Situationen. Die Menschen wissen, daß eine gute Mutter ihre Jungen zu schützen versucht, und lassen sie daher soviel wie möglich in Ruhe.

Rechts: Mütterliche Aggression ist bei den meisten Arten wilder Tiere sehr verbreitet. Da Hunde im allgemeinen gelernt haben, mit Menschen vertraulich umzugehen, wird eine Mutter es gern zulassen, wenn ein freundlicher Mensch sich mit ihren Welpen befaßt, doch nur dann, wenn sie nicht bedroht werden.

Häufiges Verhalten bei Wölfen und Hunden: Sie blicken sich an, die Ruten waagerecht und die Lefzen zurückgezogen.

Dann nimmt der schwächere Hund eine Kauerstellung ein, die Rute eingeklemmt und die Ohren angelegt.

Der unterwürfige, hockende Hund versucht, das Maul des andern zu lecken. Der dominante steht, Ohren und Rute aufrecht.

Verhält sich der dominante Hund weiter aggressiv, legt sich der unterwürfige auf den Rücken und zeigt seine Genitalien.

Hüte dich vor dem Hund

Polizei und Militär setzen abgerichtete Hunde ein, die Menschen angreifen. Diese Hunde greifen jedoch nur auf Kommando an, und ihre Aggression richtet sich gegen einen bestimmten Menschen. Meist packen sie nur die Hand ihres Opfers und fallen nicht verletzlichere Körperteile an. Zudem lassen sie sofort los, wenn der Abrichter es ihnen befiehlt.

Diese komplizierte Routine stellt sich erst nach intensivem Training ein. Dabei wird mit relativ einfachen Mitteln vorgegangen, nicht viel anders, wie wenn man dem Hund zu Hause »Sitz« und »Warte« beibringt.

Krankenhausstatistiken führen an, daß Hundebisse nur etwa drei Prozent aller behandelten Fälle ausmachen. Und bei weniger als zehn Prozent ist die Wunde mehr als nur oberflächlich. Eine New Yorker Untersuchung stellt heraus, daß mehr als die Hälfte aller gemeldeten Hundebisse Menschen unter 20 betreffen. Eine andere Statistik, daß bei weniger als zehn Prozent ein Hund seinen Herrn oder einen seiner Verwandten gebissen hat. Diese Resultate deuten darauf hin, daß die meisten Hundebisse, bei jungen Leuten – meist außerhalb ihres Hauses – auftreten, aber letztlich ziemlich harmlos sind.

Viele dieser Bisse wurden sicherlich durch territoriale Aggression ausgelöst. Ein Kind, das sich einem Hund auf dessen Territorium nähert, riskiert immer, auf Verteidigungsbereitschaft zu treffen, und da das Kind dies nicht erkennt, läuft es Gefahr, gebissen oder angegriffen zu werden.

Hunde beißen Kinder oder Fremde aus Angst. Kinder sind

besonders gefährdet. Ist ein Hund nur unter Erwachsenen groß geworden, könnte er sich vor Kindern fürchten, weil sie sich ganz anders verhalten.

Kinder laufen oft mit ausgestreckten Händen auf einen Hund zu, schreien vielleicht noch dabei, was den Hund, der dies nicht gewohnt ist, ängstigen kann. Obwohl er normalerweise keine aggressive Reaktion zeigen wird, könnte er, falls er nicht fortlaufen kann oder bevor er fortläuft, das Kind anknurren, bedrohen oder beißen. Ehepaare ohne Kinder sollten deswegen einen neuen jungen Hund ab und zu mit Kindern zusammenbringen.

Jeder Hund ist aus Angst zu Aggression fähig, ob er tatsächlich aggressiv wird, hängt von seiner Umgebung und Erziehung ab. Im Gegensatz dazu ist eine durch Schmerz ausgelöste Aggression ein angeborener Reflex, den jeder Hund ab einem bestimmten Schmerzgrad zeigt. Diese Aggression stellt sich allerdings selten ein, etwa wenn Tierärzte Spritzen geben, ein Mensch einen Hund versehentlich verletzt oder ein Auto ihn anfährt.

Die Schmerzschwelle, die überschritten werden muß, damit ein Hund aggressiv reagiert, hängt von besonderen Umständen ab und wird somit jeweils variieren. Wenn zum Beispiel zwei Hunde miteinander kämpfen und man versucht, sie zu trennen, kann einer auf einen schmerzvollen Schlag durch den einschreitenden Menschen mit Aggression reagieren, was er unter normalen Umständen nicht täte.

Oben: Angstbedingte Aggression kann sich aus erschreckenden Situationen ergeben, wie etwa dem Knallen von Feuerwerkskörpern. Solchem Lärm sollte man Hunde nicht aussetzen.
Gegenüber: Polizei und Militär können die aggressiven Instinkte eines Hundes einsetzen und kontrollieren. Der Deutsche Schäferhund packt einen Verdächtigen am Arm, läßt ihn auf Befehl aber sofort los.

Erziehung und Verhalten

Tierversuche des russischen Wissenschaftlers Pawlow begründeten die Theorie der Konditionierung, welche die Voraussetzung für moderne Erziehungsmethoden und Theorien schuf. Der schlecht erzogene Hund kann eine Vielzahl von Verhaltensstörungen zeigen: von zerstörerischen oder aggressiven Neigungen und Eifersucht auf andere Hunde bis zu Versuchen, seinen Herrn zu beherrschen.

Dieser gut erzogene Hund – ein Lurcher, eine Kreuzung zwischen Terrier und Greyhound – geht »Bei Fuß« neben seinem Herrn.

Der Pawlowsche Hund

Die Erziehung eines Hundes beginnt mit dem Erlernen der Stubenreinheit und den grundlegenden Befehlen wie »Fuß«, »Sitz«, »Warte«, »Komm«, »Nieder« und schreitet fort zur eigentlichen Abrichtung des Hundes, der an Gehorsamsprüfungen teilnehmen soll. Die Grundprinzipien der Erziehung sind immer die gleichen, und jeder Hundebesitzer sollte sich daher mit ihnen vertraut machen.

Einige Rassen sind für ein fortgeschrittenes Training begabter als andere. Erlernt ein Hund nicht einmal die Grundbegriffe des guten Benehmens, so ist das meist dem erziehenden Menschen zuzuschreiben, in den wenigsten Fällen dem Hund. Trotzdem gibt es eine verschwindende Minderheit von Hunden mit Verhaltensstörungen, die erbbedingt oder durch schlechte Erfahrung im jungen Alter verursacht sein können.

Die Erziehung eines Hundes ist dann gelungen, wenn er soweit konditioniert wurde, daß er in einem bestimmten Moment eine bestimmte Handlung auszuführen fähig ist. Um einen Hund mit Erfolg zu erziehen, sollte man wissen, wie die Konditionierung (die Ausbildung bedingter Reflexe) sich vollzieht.

Die Wissenschaft unterscheidet zwei Arten der Konditionierung. Die erste klassische wurde von Pawlow Anfang des Jahrhunderts bei der Arbeit mit Hunden entwickelt. In seinen Experimenten fand Pawlow heraus, daß seine Hunde immer dann Speichel absonderten, wenn sie ihr Futter rochen. Ihre Futterzeit wurde immer mit einer Glocke angekündigt. Paw-

Der Nobelpreisträger Pawlow beobachtet eines der Experimente, die zu seinen berühmten Theorien über das Verhalten von Tieren geführt haben. Die Abbildungsfolge **rechts** zeigt, wie die Prinzipien der Pawlowschen Konditionierung auf zwei Methoden der häuslichen Erziehung angewendet werden können.

Der Welpe macht lieber auf die Zeitung als auf den Boden.

Die Zeitung wird immer näher zur Türe geschoben.

Die Zeitung wird schließlich nach draußen gelegt, dann kann man auf sie verzichten.

low beobachtete, daß seine Hunde auch dann Speichel abzusondern begannen, wenn sie nur die Glocke hörten, ohne daß Futter gereicht wurde. Diese Art der Konditionierung läuft über einen Assoziationsprozeß beim Hund ab.

Die Pawlowsche Konditionierung nützt auch bei der Erziehung zu Hause. Zeigt ein Welpe z. B. Anzeichen, daß er sich lösen muß, sollte man ihn sanft aufnehmen und ins Freie bringen. Wiederholt man dies oft genug, wird er sehr schnell den Ort mit der Handlung assoziieren, so wie Pawlows Hunde Futter und Glocke. Da Welpen sich sowieso am liebsten draußen lösen, erleichtert das die Erziehung. Das gleiche Prinzip der Konditionierung kann auch bei der »Zeitungsmethode« angewendet werden.

Nach einer Mahlzeit macht der Welpe deutlich, daß er sein Geschäft verrichten muß.

Er sollte sanft hochgenommen und ins Freie gebracht werden.

Belohnung und Strafe

Die zweite Art der Konditionierung ist leichter zu verstehen. Sie beruht auf dem einfachen Prinzip der Belohnung, wenn ein Hund sich gut benimmt. Jede Belohnung spornt ihn an, sich wieder so gut zu benehmen. Dementsprechend wird ein Hund, der wegen einer Missetat geschimpft oder bestraft wird, diese wahrscheinlich bei anderer Gelegenheit nicht mehr begehen.

Dieses Prinzip von Belohnung und Strafe funktioniert nicht immer. Keinen Erfolg hat es, wenn der Besitzer nicht folgerichtig handelt und dadurch seinen Hund verwirrt. Der Hund kann eine Belohnung oder einen Tadel nur auf eine Tat beziehen, die er gerade begangen hat. Ärgert sich der Hundehalter darüber, daß sein Hund in seiner Abwesenheit eine Pfütze auf den Teppich gesetzt hat, und beschimpft ihn deshalb, so wird der Hund den Zusammenhang von Missetat und Strafe nicht verstehen, weil die Strafe nicht unmittelbar nach der Tat, sondern verspätet erfolgt.

Obwohl bei der Erziehung des Hundes sowohl Belohnung und Strafe zur Anwendung kommen, ist im allgemeinen die Belohnung die bessere Taktik. Die Strafe hat meist die Funktion, den Hund von bestimmten Dingen abzuhalten oder ihn für schlechtes Benehmen zu tadeln, doch hat sie nur einen Sinn, wenn der Hund auf frischer Tat ertappt wird. Wenn zum Beispiel ein Hund während der Abwesenheit seines Herrn ein Paar Schuhe anknabbert und der Herr den Hund dann erst bestraft, wenn sie zusammen in das Zimmer kommen, in dem die Schuhe sind, wird der Hund die Strafe darauf beziehen, daß er in den Raum gegangen ist. Der Hund wird dann vielleicht nicht mehr in dieses Zimmer gehen, die Schuhe wird er allerdings weiter anknabbern.

Wird der Hund auf frischer Tat ertappt, sollte man sich gut überlegen, wie man ihn sinnvoll bestraft. Eine körperliche Strafe sollte niemals zu streng sein, ein Klaps auf das Hinterteil oder ein Schütteln am Genick genügen meistens. Wie bei der Belohnung sollten auch bei der Strafe zum Hund ein paar Worte – wie etwa »schlimmer Hund« – gesprochen werden, so daß allein die Worte später genügen, den Hund an schlechtem Benehmen zu hindern.

Jeder Hundebesitzer sollte wissen, daß die Strafe sowohl eine vorteilhafte wie auch eine abträgliche Wirkung auf das allgemeine Verhalten eines Hundes haben kann. Ein gewisses Maß an Strafe zeigt dem Hund, wer der Herr ist, und hindert ihn, sich selbst durchsetzen zu wollen. Auf der anderen Seite kann zuviel Strafe das ideale Herr-Hund-Verhältnis beeinträchtigen. Ein Hund, der zu häufig bestraft wird, gerät aufgrund der schlechten Behandlung seines Herrn in Verwirrung, zumal dieser ihn ja sonst pflegt und ihm Liebe zuteil werden läßt.

Es darf auch nicht vergessen werden, daß eine Bestrafung vom Hund nicht immer so aufgenommen wird, wie der Besitzer sie meint. Bei manchen Hunden kann die körperliche Berührung, die mit einer Strafe fast immer verbunden ist, auch positiv stimulieren. Tut ein Klaps auch im Moment weh, so kann die Berührung für den Hund wie eine Aufforderung zum Spiel wirken. Die Strafe freilich hätte dadurch ihre Wirkung verfehlt.

Da diese Mißverständnisse bei der Bestrafung auftreten können, hat man Halsbänder konstruiert, die leichte elektrische Schocks auslösen und eine indirekte Kontrolle sind. So wird der Besitzer nicht mehr direkt mit der Strafe in Zusammenhang gebracht, und es wird leichter, den Hund unmittelbar zu bestrafen. Doch in der Praxis entstehen daraus einige Probleme. Versetzt man einem Hund zum Beispiel während eines Kampfes mit einem anderen einen solchen Schock und hofft, ihn dadurch vom Kampf abzuhalten, wird der Hund im Gegenteil noch unerbittlicher kämpfen. Da die herkömmlichen Erziehungsmethoden durchaus zufriedenstellend und elektrische Schocks für einen Hund ebenso unangenehm wie für Menschen sind, gibt es wirklich keinen Grund, diese Art der Bestrafung anzuwenden.

Ein Hund kann Belohnung wie Strafe nur mit der Tat in Verbindung bringen, die er gerade begangen hat. Eine Strafe wegen unerwünschtem Verhalten, wie etwa das Knabbern an einem Schuh, **links,** hat nur dann einen Sinn, wenn der Hund auf frischer Tat ertappt wird. **Gegenüber:** Die Erziehung des Hundes durch Belohnung ist immer die beste Methode.

Gehorsam lernen

Welpen werden nicht alle gleich schnell »erwachsen«, doch sollte eine zwanglose Erziehung – vor allem im Haus – beginnen, sobald sie sich selbständig bewegen. Dies ist auch die Zeit, dem kleinen Hund seinen Namen und einige grundlegende Befehle beizubringen. Am besten wählt man einen kurzen, aber deutlichen Namen, den der Hund schnell erlernt und den man unterwegs laut rufen kann, ohne daß er Aufsehen erregt.

Um schlechte Angewohnheiten zu vermeiden, sollte mit der Erziehung eingesetzt werden, bevor der Hund sechs Monate alt ist. Meist treten sie sowieso erst später in Erscheinung. Ein verbreitetes Beispiel dafür ist der Hund, der an anderen Menschen hochspringt. Bei einem kleinen jungen Hund ist das weiter nicht schlimm, und viele Hundebesitzer haben es sogar gerne, wenn ihr Hund sie in dieser Weise in ein Spiel verwikkelt. Bei einem größeren Hund wird das allerdings ziemlich lästig, ärgerlich oder sogar gefährlich, beispielsweise wenn ein Bernhardiner hochspringt und seine Pfoten auf ein kleines Kind legt.

Warum will ein Hund überhaupt an einem Menschen hochspringen? Das Hochspringen erregt die Aufmerksamkeit des Besitzers und löst ein Spiel oder Zärtlichkeit aus, was der Hund als Belohnung auffaßt.

Die Belohnung für den Hund kann verschieden aussehen. Meist ist es ein kleiner Leckerbissen, der den braven Hund anspornen soll, seinem Herrn zu gehorchen. Wäre der Leckerbissen allerdings die einzige Belohnung, würde sich der Hund überfressen. Belohnend wirken auch ein paar lobende Worte wie etwa: »Guter Hund!« Diese Worte merkt er sich als Belohnung genauso wie die Pawlowschen Hunde die Glocke als Zeichen für Fressen. Eine weitere Alternative ist Zärtlichkeit, und Hunde sind in dieser Hinsicht besonders leicht zu belohnen.

Eine der einfachsten Möglichkeiten, unerwünschte Angewohnheiten zu beseitigen, ist ganz einfach der Verzicht auf jede Art von Belohnung. Wenn ein Hund also hochspringt, sollte der Besitzer jedesmal weggehen und ihn ignorieren. Der Hund begreift das meist sehr schnell, es sei denn, die schlechte Angewohnheit sitzt schon zu tief. Angebracht ist eine Zärtlichkeit auch dann, wenn der Hund sich so verhält, wie man es von ihm verlangt hat, wenn er also nicht hochgesprungen ist.

Bestraft man den Hund für sein schlechtes Benehmen mit einem Klaps, dann niemals auf die Nase, weil die sehr empfindlich ist, sondern auf die Kruppe. Strafe kann, wie wir gesehen haben, nützlich sein, doch ist es fraglich, ob sie bei einem Hund hilft, der einen Menschen anspringt. Fraglich deswegen, weil der Hund für dieses Verhalten ja einmal belohnt worden ist und plötzlich für dieselbe Sache auf einmal bestraft wird, was ihn völlig verwirrt. Von der Seite des Hundes betrachtet, ist dies unlogisch und kann zu anderen Verhaltensstörungen führen.

Man sollte bei jungen Hunden die Angewohnheit verhindern, an Menschen hochzuspringen, bei ausgewachsenen Hunden ist dies nämlich sehr lästig. **Links:** Ein Leckerbissen oder liebevolles Streicheln sind die geeignetsten erzieherischen Belohnungen.

Der gut erzogene Hund

Die ersten grundlegenden Befehle, die ein Hund erhält, sind: »Bei Fuß!«, »Sitz!«, »Warte!«, »Komm!«, »Nieder!«. Das sollte ihm schon in den ersten sechs Monaten beigebracht werden. Ob es sich um einen Welpen oder älteren Hund handelt, viele kurze und vergnügliche Lektionen erreichen immer mehr als Marathonlektionen, die jeden Hund sehr schnell ermüden. Unterstützt wird die ganze Erziehungsarbeit durch ständiges Lob.

Die Grundbefehle funktionieren, wie bereits besprochen, nach dem Konditionierungsprinzip Lob und Strafe. Es gibt keine bestimmte Reihenfolge bei der Erlernung der verschiedenen Kommandos, doch ist das »Bei-Fuß«-Gehen eine wichtige Voraussetzung für die anderen Befehle. Der Hund muß so erzogen werden, daß er ruhig neben seinem Besitzer, meist an der linken Seite geht, dicht an seinem Bein und nicht davor.

Für gewöhnlich wird der junge Hund versuchen, hin und wieder davonzustürmen, vor allem, wenn er etwas gerochen hat oder einen anderen Hund sieht. Geschieht dies, so sollte der Hund mit einem scharfen Ruck am Halsband in Kontrolle gehalten und zur gleichen Zeit das Kommando »Bei Fuß!« gegeben werden. Der Hund wird allmählich spüren, daß es viel angenehmer ist, in der geforderten Weise zu laufen, und lernen, das Kommando mit dem Vorgang zu assoziieren. Ist der Hund soweit, daß er auf diesen Befehl tatsächlich ruhig neben seinem Herrn geht, müßte er es auch können, wenn er nicht mehr an der Leine ist; dies wäre allerdings zuerst an einem geeigneten Ort zu versuchen.

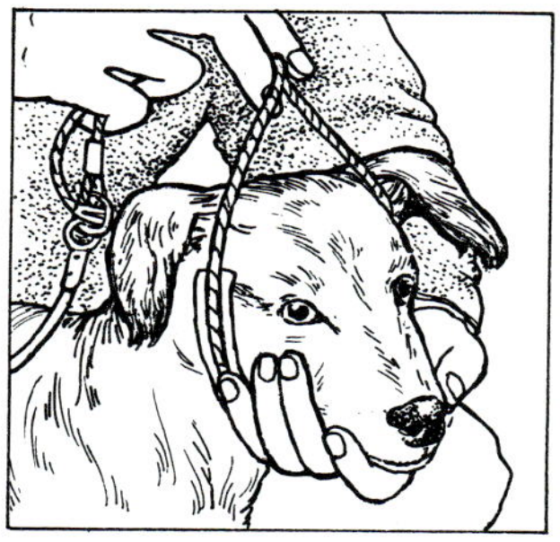

Die Gewöhnung an die Leine muß sehr vorsichtig erfolgen.

Der Hund kann dabei spielfreudig oder auch nervös sein.

Mit der rechten Hand wird die Leine gehalten, mit der linken getadelt oder belohnt.

Die Leine sollte locker durchhängen, der junge Hund neben dem Herrn hergehen.

Um den Befehl »Sitz!« beizubringen, sollte man die Hinterhand des Hundes herabdrücken.

Den Hund zu lehren, sich gegen die Wand zu setzen, ist dabei hilfreich.

Das Kommando »Sitz!« wird meist als nächstes gelehrt, und dies auf alle mögliche Weisen, mit oder ohne Belohnung, mit oder ohne Leckerbissen. Dazu wird die Hinterhand des Hundes mehrere Male niedergedrückt, bis er sitzt, und gleichzeitig »Sitz!« gerufen. Der Hund beherrscht erst dann den Befehl »Sitz!«, wenn er sich bei diesem Wort völlig selbständig hinsetzt.

In der Erziehung ist ein großer Fortschritt erreicht, wenn der Hund gelernt hat stillzusitzen, bevor er sein Fressen bekommt, anstatt die ganze Umgebung mit seiner Ungeduld zu tyrannisieren. Das erreicht man leichter, wenn man dem Hund einen kleinen Leckerbissen gibt, nachdem er auf das Kommando »Sitz!« reagiert hat. Der Hund wird sich eher automatisch hinsetzen, wenn er nicht neben seinem Herrn steht, sondern an der Zimmerwand, an die er sich dann beim Setzen stützt. Wiederholt man diesen Vorgang, wird der Hund bald das Sitzen sowohl mit dem Leckerbissen als auch mit dem Kommando assoziieren. Der nächste Schritt, den Hund dazu zu bringen stillzusitzen, während das Futter zubereitet wird, ist ziemlich einfach. Das Fressen selbst wird dann die weitere Belohnung für das Stillsitzen sein.

Der Hund, der bei Tisch um Leckerbissen bettelt, mag zwar manchmal ganz amüsant sein, doch letztlich ist die Bettelei eine unliebsame Angewohnheit und sollte von Anfang an unterbunden werden. Sie beginnt damit, daß man dem Hund ein Stück Fleisch vom Essen hinwirft, und endet damit, daß er dann bei jeder Mahlzeit sein Stückchen Fleisch erwartet und nur Ruhe gibt, wenn er es auch bekommt. Jetzt hat er seinen Herrn erzogen! Ist der Hund jedoch dazu erzogen worden, während der Mahlzeiten stillzusitzen, wird es nie zu dieser schlechten Angewohnheit kommen.

Die grundlegenden Befehle sollten in kurzen Lektionen beigebracht werden, die dem Hund Spaß machen.
Links: Als erstes muß der Hund das Gehen »Bei Fuß« lernen. Er darf nicht voranstürmen, sondern muß auch ohne Leine ruhig neben seinem Herrn gehen.

Die Stimme seines Herrn

Die übliche Methode, einen Hund zum Sitzenbleiben zu erziehen, beginnt mit der Übung an der Leine. Die Leine muß lang genug sein, so daß zwischen Besitzer und Hund ein ausreichender Abstand besteht. Der Hund wird zum Sitzen aufgefordert, dann geht der Besitzer langsam fort, mehrmals das Wort »Warte!« wiederholend. Manche Leute heben zusätzlich noch eine Hand, um das wörtliche Kommando zu verstärken.

Zuerst sollte sich der Besitzer nur ein paar Schritte entfernen, dann zurückkommen und den Hund loben, wenn er sich nicht bewegt hat. Bewegt sich der Hund, muß der Besitzer »schlimmer Hund!« sagen und ihn wieder zu seiner Sitzposition zwingen. Der Abstand zwischen Hund und Besitzer sollte nur langsam vergrößert werden. Reagiert der Hund wie gefordert und bleibt sitzen, ist es besser, der Besitzer geht zum Hund, anstatt ihn zu veranlassen, zu ihm zu kommen. Sonst glaubt der Hund, daß nun alles vorbei sei, und dies würde den Lernprozeß verlangsamen.

Erst wenn der Hund sitzen bleibt, auch wenn der Herr sich ein ganzes Stück von ihm entfernt hat, ist es Zeit, ihn auf Kommando kommen zu lassen. Diese Lektion sollte wieder an der langen Leine beginnen. Man befiehlt dem Hund zu warten, geht ein paar Schritte weg und zieht mit dem Kommando »Komm!« sanft an der Leine. Es fällt dem Hund meist sehr leicht, dieses Kommando zu lernen, denn es macht ihm viel mehr Spaß zu seinem Herrn zurückzukommen und gestreichelt zu werden, als allein zurückzubleiben. Dieses Kommando ist für alle Situationen wichtig, in denen der Hund auf den Ruf seines Herrn parieren soll. Als nächsten Schritt kann man dann dazu übergehen, dasselbe ohne Leine zu versuchen.

Eine ganze Reihe anderer Befehle beruht auf denselben Konditionierungstechniken der Belohnung oder der Assoziation beim Hund.

Die dann anstehenden Kommandos sind »Nieder!« und »Apport!«. Das Kommando »Nieder!« wird auf ähnliche Weise beigebracht wie »Sitz!«, nur daß man die Vorhand des Hundes herabdrückt. Die meisten Hunde apportieren willig, was besondere Erziehungsmethoden unnötig macht. Zu Schwierigkeiten kommt es, wenn der Hund den apportierten Gegenstand nicht fallen läßt. Hier hilft eine Belohnung mit einem Stück Fleisch, denn der Hund muß den Gegenstand loslassen, um zu seinem Fleisch zu kommen. Die Belohnung kann erst dann gegeben werden, wenn der Hund ein Objekt – etwa einen Stock – im Maul hält. Er kommt sicher mit dem Stock, weil er sich seine Belohnung erhofft. Die Belohnung kann mehr und mehr ausbleiben, das Wort »Apport!« muß aber jedesmal gesprochen werden, wenn der Hund ausgeschickt wird, einen Gegenstand zu holen, vielleicht einen, der geworfen worden ist.

Hunde müssen lernen, auf Befehl zu harnen oder ihr Geschäft zu verrichten. Man kann ihnen das mit Erfolg beibringen, darf aber den Befehl natürlich nur an geeignetem Ort geben. Die Erziehungsmethode gleicht den bereits besprochenen, nur bestärkt man den Welpen hier mit den Worten »braver Hund«. Wie erfolgreich diese Methode ist, demonstrieren britische Blindenhunde, die alle auf diese Weise erzogen worden sind.

Links: Mit den verschiedenen Konditionierungstechniken lehrt der Besitzer den Hund zu gehorchen. Sobald er gelernt hat, zu kommen und zu warten, können die Lektionen ohne Leine beginnen.

Zuerst sitzt der Hund am Ende einer langen Leine.

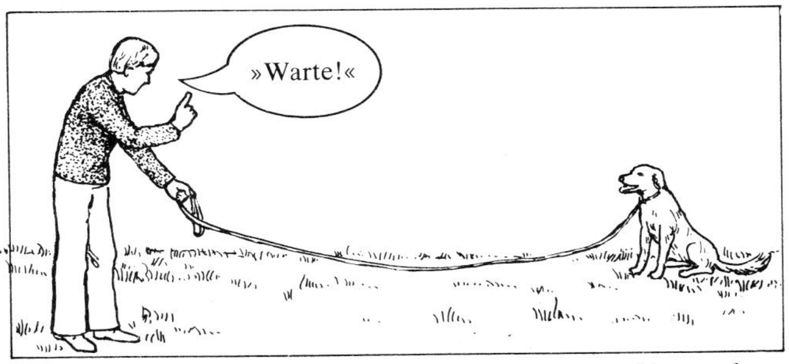

Der Herr bewegt sich langsam fort und verleiht unter Verwendung eines Handzeichens dem Befehl »Warte!« Nachdruck.

Sobald der Hund gelernt hat zu warten, bringt man ihm bei, auf Zuruf zu kommen. Der Herr sollte sanft an der Leine ziehen und zur gleichen Zeit »Komm!« sagen.

Mit Lob und Leckerbissen wird nicht gespart.

Der Führer der Meute

Unten: Wird der Herr von seinem Hund beherrscht, so hat er Schwierigkeiten, ihn auf dem Spaziergang zu kontrollieren und nicht von ihm tyrannisiert zu werden. In so einem Fall muß man den Hund allmählich neu dazu erziehen, sich unterzuordnen und auf Befehle zu gehorchen.

Bei Hunden tritt ein Verhalten auf, das meist psychologisch gedeutet wird, doch in Wirklichkeit ein soziales Problem ist. Eine häufige Schwierigkeit ist bedingt durch den Instinkt des Hundes, Rudel- bzw. Meutetier zu sein. In der Meute erwartet der Hund immer einen Leithund. Er kann sich selbst als idealen Kandidaten für diese Position betrachten und versuchen, sie einzunehmen. In den meisten Fällen akzeptiert er seinen Besitzer als Rudelführer, nur selten beansprucht er diese Stellung für sich. Dieses Problem gibt es vor allem bei größeren Rassen.

Beherrscht ein Hund die Familie, ergeben sich alle möglichen Schwierigkeiten: Er wird Befehle verweigern, bei Spaziergängen seine eigenen Wege gehen, seinen Besitzer gegen Besucher »verteidigen« und den besten Lehnstuhl für sich in Anspruch nehmen.

Das Verhalten eines Hundes läßt sich rechtzeitig gleich bei seinem ersten Versuch, seine Macht anzumelden, korrigieren, vielleicht schon im Welpenalter. In so einem Fall ist es am besten, ihn am Genick zu packen und niederzudrücken. Bei einem erwachsenen Hund ist diese Angewohnheit kaum mehr zu beheben. Jedoch wird in allen, mit Ausnahme der schlimmste Fälle, die Anwendung geeigneter psychologischer Maßnahmen hilfreich sein.

Wie beherrschend ein Hund auch sein mag, er ist immer auf seinen Besitzer als Nahrungsspender, Spielgefährten und auf seine Zärtlichkeiten angewiesen. Der Besitzer kann daher Futter und liebevolle Zuwendung als Belohnung bei seiner Neuerziehung einsetzen. Der Hund muß über Konditionierung lernen, daß er beides nur von dem Menschen bekommen kann, den er versucht hat zu beherrschen, und daß er es nur bekommt, wenn er sich gut benimmt.

Um erfolgreich zu sein, muß diese Methode langsam und allmählich zur Anwendung kommen, und der Hund darf nicht zur Aggression provoziert werden. Diejenigen, die von ihrem Hund beherrscht werden, sollten sich intensiv mit ihm beschäftigen, vor allem in einer Art und Weise, die ihm Freude macht. Beginnt der Hund nach und nach zu gehorchen, erreicht ein Leckerbissen als Belohnung bei den neuen Erziehungsbemühungen sehr viel. Es wäre ratsam, wenn andere Familienmitglieder sich in dieser Phase nicht mit dem Hund befaßten, es sei denn, bei so unangenehmen Gelegenheiten wie einem Tierarztbesuch.

Der drohende Gesichtsausdruck des dominanten Hundes.

Die Demutsstellung erkennt den Herrn als »Rudelführer« an.

Streunende Hunde

Rüden stellen im allgemeinen ihre Besitzer vor größere Probleme als Hündinnen. Dafür gibt es drei Gründe. Erstens ist bei Rüden die Wahrscheinlichkeit größer, daß sie herrschen wollen, was schon die ersten Schwierigkeiten mit sich bringt. Zweitens sind Rüden sexuell viel stärker motiviert. Drittens tauchen bei Rüden Verhaltensweisen auf, die bei Hündinnen fehlen.

Dazu gehört vor allem das Streunen. Es ist für Rüden vollkommen normal, wenn sie Stunden, Tage oder sogar Wochen verschwinden und dann erst wieder nach Hause kommen. Kommen sie in gutem Zustand zurück, muß man annehmen, daß sich jemand um sie gekümmert hat. Manchmal sind sie aber auch ganz schön zerzaust. Warum Rüden und Kater streunen, ist unbekannt. Man kann nur Spekulationen darüber anstellen, daß männliche Tiere beider Spezies von einem instinktiven Drang getrieben werden, ein größeres Gebiet als das ihre zu erforschen. Eine Tatsache ist, daß männliche Tiere, die eng mit dem Hund verwandt sind – wie etwa der Fuchs –, oft ein Revier von mehreren Quadratkilometern besitzen, wogegen die Reviere von Hunden sich sehr klein ausnehmen.

Ein Rüde streunt natürlich auch, wenn er eine heiße Hündin entdeckt, und versucht dann alles, um in ihrer Nähe zu bleiben. Das Streunen steht in direktem Zusammenhang mit dem männlichen Sexualhormon. Eine Untersuchung der Doktoren Hopkins, Schubert und Hart von der University of California hat ergeben, daß nach einer Kastrierung fast 95 % aller gewohnheitsmäßigen Streuner diese Angewohnheit verloren haben.

Dieselbe Untersuchung befaßte sich auch mit einem zweiten Problem, das fast nur Rüden betrifft, nämlich die Urinmarkierung im Haus. Sie geschieht normalerweise außerhalb

und nicht innerhalb des Hauses. Die Neigung, dies auch innerhalb des eigenen Hauses zu tun, kommt bei erwachsenen Hunden wieder, die früher im Hause erzogen worden sind. Sie ist vornehmlich ein Symptom für Hunde, die eine beherrschende Stellung im Haus haben und ihr Territorium ein für allemal abgrenzen wollen.

Die Erziehung kann in diesem Fall dieselbe sein wie die bereits für den dominanten Hund empfohlene. Eine Alternative wäre die Kastrierung oder eine hormonelle Behandlung, die jeder Tierarzt vornimmt.

Hunde dieser Art, die ein Zuhause haben und beim Streunen mit anderen Hunden eine Meute bilden, sind nicht verwildert, doch benehmen sie sich in vieler Hinsicht wie wilde Meutehunde. Auch bei ihnen zum Beispiel besteht eine Hierarchie in der Rangfolge. Wechselt die Meute beim Streunen ihr Gebiet, so bleibt häufig derselbe Hund ihr Anführer.

Meuten dieser Art bestehen jedoch nur vorübergehend, weil sie jeden Tag nur kurz zusammen sind und sich täglich neu formieren. Ihr Verhalten untereinander unterscheidet sich von dem der Wölfe, denn bei ihnen fehlt das geübte Zusammenspiel des Rudels, das auch eine andere Art von streunenden Hunden, nämlich eine wild lebende Meute, auszeichnet.

Wild lebende Hunde unterscheiden sich von diesen frei umherschweifenden darin, daß sie kein dauerndes Zuhause haben und sich ohne menschliche Hilfe erhalten, außer man hinterläßt ihnen einige Abfälle. Innerhalb der zivilisierten Welt sind wild lebende Hunde heute nur in einigen Gegenden der Vereinigten Staaten anzutreffen, wo sie allerdings sehr lästig werden können.

Wild lebende Hunde sind körperlich meist in schlechtem Zustand und abgemagert; sie lassen Menschen nicht an sich herankommen und werden, wenn man sie bedrängt, aggressiv. Oft leben sie nur als Einzeltiere und nicht in Meuten. Die existierenden Meuten sind meist klein und bestehen nur aus zwei oder drei Hunden. Dies hängt mit ihrer Umgebung zusammen. Sie haben es meist schwer, geeignetes Futter zu finden, und in Meuten wäre das natürlich noch schwieriger. In den Vereinigten Staaten werden sie oft von Hundefängern bedroht, die es mehr auf Meuten als auf einzelne Hunde abgesehen haben.

Untersuchungen haben ergeben, daß wild lebende Hunde nur selten ihre eigenen Welpen aufziehen können. Dies bedeutet, daß sie sich im wesentlichen aus zahmen und streunenden Haushunden zusammensetzen und ihre Existenz daher ausschließlich von der Öffentlichkeit abhängt, die sich Hunde hält.

Links: Rüden, die streunen, sind für ihre Besitzer ein Problem. Beim Streunen schließen sie sich manchmal zu Rudeln zusammen.
Oben: Der wild lebende Hund ist ein Abfallfresser, der Mülltonnen auf Nahrungsreste hin durchstöbert.

Der Hund als Zerstörer

Welche Erziehung ein Hund auch immer bekommt – jeder Hund behält seine eigene Persönlichkeit. Sie bildet sich aus den verschiedensten Faktoren: den Erbanlagen, dem frühen Zusammenleben mit Menschen und der Art, wie der Besitzer ihn erzieht.

Dieselben Faktoren können gemeinsam mit anderen Ursachen zu Verhaltensstörungen führen, von denen das zerstörerische Verhalten am häufigsten auftritt. Das Kratzen an Türen oder Möbeln, das Umwerfen von kostbaren Gegenständen und das Knabbern an Kleidern, Schuhen, Teppichen oder Möbeln während der Abwesenheit des Hundebesitzers fallen darunter.

Am besten beginnt man gleich bei Anschaffung des Hundes mit konsequenten Maßnahmen. Man läßt den Hund für längere Zeit allein in einem Raum. Ist er einige Minuten lang ruhig gewesen, sollte der Besitzer zu ihm gehen und ihn wegen seines guten Verhaltens loben. Knabbert er dagegen verräterisch, sollte er abwarten, ob er von allein aufhört, und ihn dann loben, wenn nicht, bestrafen. Wirksam ist Schimpfen durch die Türe. Geht der Besitzer jedoch zu ihm und gibt ihm einen Klaps, so wird die Freude über das Wiedererscheinen des Herrn größer als der Schmerz sein, und der Hund wird sogar noch ermuntert, sich destruktiv zu verhalten.

Vernachlässigt man diese frühe Erziehung, besteht immer die Gefahr, daß der Hund etwas zerstört oder ständig bellt, während sein Besitzer fort ist. Beide Verhaltensweisen lassen sich vergleichen, weil sie wahrscheinlich aus Langeweile entstehen. Es geschieht sehr leicht, daß der Besitzer, ohne es zu wollen, diese Unarten beim Nachhausekommen unterstützt. Schimpft er dann seinen Liebling, so assoziiert der Hund dies mit seinem Verhalten unmittelbar vor dem Schimpfen. Denn er hatte ja schon längst Bellen und Knabbern eingestellt, nämlich als er seinen Herrn heimkommen hörte, also bevor dieser das Zimmer betrat.

Schlechte Angewohnheiten dieser Art lassen sich verhindern. Muß der Hund alleine zu Hause bleiben, schafft man ihm eine Spielmöglichkeit: man gibt ihm einen Ball, Ring oder auch ein anderes Spielzeug zum Knabbern, mit dem beide vorher schon gespielt haben. Das tröstet den Hund, wenn er allein ist. Daran läßt sich dann ein Erziehungsprogramm anschließen, bei dem die Dauer des Fortseins allmählich gesteigert wird. Das Fortgehen sollte so realistisch wie möglich erfolgen, mit all den üblichen Geräuschen und Tätigkeiten, die mit dem Verlassen des Hauses verbunden sind. Wenn der Hund dann geknabbert oder ständig gebellt hat, sollte er vom »heimkommenden« Besitzer nicht beachtet werden, um weiterem schlechten Benehmen nicht Vorschub zu leisten. Im Fortgang des Erziehungsprogramms wird der Hund assoziieren lernen, daß gutes Benehmen während seines Alleinseins mit einer freudigen Begrüßung seitens seines Herrn belohnt wird.

Links: Wird der junge Hund allein gelassen, sollte man ihm seine eigenen Spielsachen dalassen, z. B. einen Kauknochen wie auf diesem Bild.

Das aggressive Verhalten

Hunde sind, wie bereits beschrieben, verschieden aggressiv, was viele Ursachen hat und mehrere Behandlungsmöglichkeiten zuläßt.

Der Hund, der einen Postboten oder Bettler angreift, läßt seiner territorialen Aggression freien Lauf. Es ist so gut wie unmöglich, einen Hund dazu zu erziehen, zwischen solchen Eindringlingen einen Unterschied zu machen. Daher ist es für den verantwortungsbewußten Hundehalter die beste Lösung, den Hund einfach ins Haus zu sperren, wenn der Postbote kommt.

Territoriale Aggression zeigt der Hund auch bei Besuchen von Freunden oder Verwandten, doch weit weniger in Gegenwart seines Herrn. Beherrscht der Hund jedoch seinen Herrn, übernimmt er die territoriale Verteidigung, und seine Aggression tritt ungehemmter in Erscheinung. In diesem Fall handelt es sich um das bereits besprochene Dominanzproblem, das die eigentliche Ursache des aggressiven Verhaltens ist.

Gegen die eindeutig territoriale Aggression sollte eine weniger harte Strafe in Betracht gezogen werden. Anstatt ihn zu schlagen, reicht es aus, den Hund für kürzere Zeit allein in einen Raum zu sperren. Das sollte jedesmal getan werden, wenn der Hund Besucher anbellt oder anknurrt.

Auch angstbedingte Aggression tritt häufig auf. Der relativ hohe Prozentsatz an Hundebissen leichterer Art ist wahrscheinlich der Angst vor Fremden zuzuschreiben, vielleicht auch in Zusammenhang mit territorialen Komponenten zu sehen. Aggressionen dieser Art drücken sich im Gesicht und der Körperhaltung des Hundes aus. Sie lassen sich abbauen, wenn man den Hund öfters unter Menschen bringt, besonders unter solche, die er sehr gern bedroht.

Die beste Methode, Angst abzubauen, ist die der Desensibilisierung: eine allmähliche Heranführung des Hundes an die Quelle der Angst, in kleinen Schritten zunehmender Intensität. Zuerst nähert sich dem Hund jemand, den er kennt und fürchtet; diese Person hält erst einmal Distanz, um die Angst des Hundes zu verringern. Zeigt der Hund keine Angst, muß er mit Zärtlichkeit, Lob oder Futter belohnt werden. Ist er dagegen aggressiv, darf er auf keinen Fall belohnt werden. Die betreffende Person nähert sich dem Hund immer mehr, und zwar bei verschiedenen Gelegenheiten, doch sollte dies nur sachte vor sich gehen, um dem Lernprozeß nicht die Intensität zu nehmen. Sobald der Hund dann auf einen Menschen, den er kennt, zufriedenstellend reagiert, kann der Vorgang mit einem Fremden wiederholt werden, dann auch mit jenen Menschen, bei denen er zuvor die meiste Aggression gezeigt hat, etwa mit einem erwachsenen Mann oder einem lebhaften Kind.

Methoden dieser Art brauchen ihre Zeit, und ihr Erfolg ist nie sicher. Beginnt man dagegen sofort bei den ersten Anzeichen einer unsozialen Aggression des Hundes mit ihrem Einsatz, sind sie erfolgversprechend.

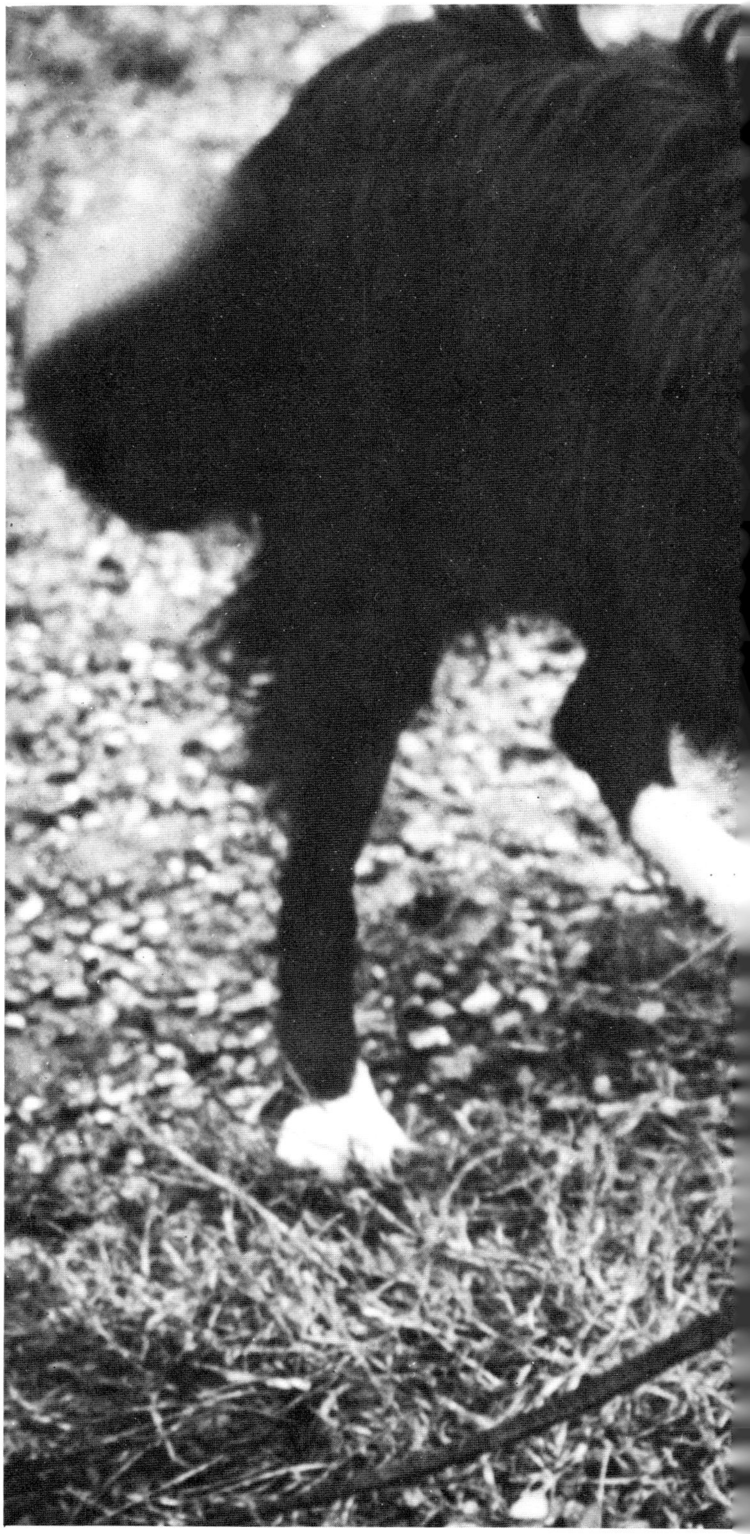

Rechts: Dieser Hund zeigt die häufigste Form der Aggression, die in einer gefährlichen Situation durch Angst verursachte.

Sexuelle Probleme

Die häufigsten und hartnäckigsten Probleme für Hundehalter treten in Zusammenhang mit der Sexualität ihres Hundes auf. Diese Schwierigkeiten reichen von Hunden, die sich völlig uninteressiert an anderen zeigen, wenn der Besitzer sie paaren will, bis zu Hunden, die öfter an den Beinen von Menschen hochsteigen, anstatt andere Hunde zu bespringen. Hunde sind manchmal so verwirrt, daß sie nicht mehr wissen, ob sie, wenn es zum Deckakt kommt, Hunde oder Menschen bespringen sollen.

Der wesentliche Teil der Sozialisierung eines jungen Hundes vollzieht sich zwischen fünf und vierzehn Wochen. Innerhalb dieser Zeitspanne lernt er auf andere Hunde, Menschen und Tiere, mit denen er in Berührung kommt, sozial zu reagieren, und entwickelt in dieser Zeit wahrscheinlich seine zukünftigen sexuellen Neigungen.

Ein Hund, der schon sehr früh, etwa mit fünf Wochen, von seinen Eltern getrennt wurde und dann nur in Gemeinschaft mit Menschen aufwuchs, kann so stark auf Menschen bezogen sein, daß er sie und nicht andere Hunde als Sexualpartner betrachtet. Dieser Sachverhalt drückt sich in mehr als einer Weise aus. Hunde – ganz gleich ob Rüde oder Hündin – weigern sich häufig, sich mit anderen Hunden zu paaren, teils aus schlechten Erfahrungen, teils aus Desinteresse an anderen Hunden, die sie von vornherein gar nicht als mögliche Sexualpartner anerkennen.

Viel lästiger ist das anomale sexuelle Verhalten von Rüden

oder Hündinnen Menschen gegenüber, vornehmlich dann, wenn sie versuchen, das Bein eines Menschen zu besteigen. Dieses widernatürliche Verhalten zeigen auch Hündinnen; es handelt sich dann fast immer um eine frustrierte Reaktion einer Hündin, die mit ihrer eigenen Art, also anderen Hunden, nicht genügend vertraut ist, um die Annäherung eines Rüden zu akzeptieren.

Diesem Verhalten ist nur schwer zu begegnen, weil es für den Hund ganz natürlich und daher einer Strafe nicht zugänglich ist. Selbst wenn man Situationen zu vermeiden sucht, die den Hund zu einem solchen Verhalten veranlassen, bleibt diese Neigung jedoch immer bestehen.

Sexuelle Probleme sind schwieriger als alle anderen Probleme zu lösen, doch kann man auch hier mit Konditionierung manchen Erfolg erzielen. Eine weitere Möglichkeit ist die Visite beim Tierarzt, der in zweierlei Weise eingreifen kann: entweder durch Kastrierung des Rüden, was seinen Sexualtrieb schnell abschwächt, oder durch Verschreibung eines Hormonpräparates, das allerdings nur eine zeitweilige und keine endgültige Lösung ist. Ein wirklich anhaltender Erfolg wird sich wahrscheinlich am ehesten dann einstellen, wenn man den Hund immer wieder in Kontakt mit anderen Hunden bringt. Die meisten sexuellen Probleme treten nämlich bei Einzelhunden auf. Gewöhnt sich der Hund an andere, wird er sich – selbst wenn er schon älter ist – seiner Artzugehörigkeit bewußter werden.

Anders als die dargestellten Hunde können einzeln gehaltene sexuelle Probleme zeigen und die Menschen, mit denen sie zusammenleben, als mögliche Sexualpartner ansehen.

Der Stärkere und der Schwächere

Wachsen zwei Haushunde zusammen auf, vertragen sie sich in der Regel gut. Zu Schwierigkeiten kann es kommen, wenn ein Hund in ein Haus gebracht wird, in dem ein anderer schon länger lebt. Treten diese tatsächlich auf, was selten geschieht, können sie im allgemeinen ziemlich leicht behoben werden.

Leben zwei oder mehr Hunde in einem Haus zusammen, nimmt einer von ihnen immer die dominante Rolle ein, was aber dem Besitzer nicht unbedingt auffallen muß. Bleibt diese Hierarchie konstant, das heißt, ist es immer derselbe Hund, der dominiert, ist der Friede unter den Hunden gewahrt. Jede Veränderung in der Rangfolge zieht aber sofort einen Konflikt nach sich. Auch diesen bemerkt der Hundehalter kaum, denn er ist meist nach einer kurzen Auseinandersetzung schnell behoben. Selten gibt es einen langen Machtkampf.

Machtverhältnisse verändern sich aus verschiedensten Gründen. Für einen älteren Hund, der bereits im Haus lebt, wird ein neu hinzukommender junger Hund einer größeren Rasse zum Problem, da der junge Hund, ist er einmal erwachsen, als der Größere sicher die erste Stelle beanspruchen wird. Dem wird sich der Hund, der zuerst da war, widersetzen, was zu einem Machtkampf mit Kämpfen, Knurren und Streit um Futter und Spielobjekte führt.

Die Machtkonstellation verschiebt sich auch in dem Moment, in dem der beherrschende Hund leicht verletzt oder krank ist. Dies merkt der unterlegene Hund sofort, der Besitzer nicht unbedingt.

Der Hundebesitzer beachtet oft die Rangordnung zwischen den Hunden nicht und bevorzugt den schwächeren.

Der Stärkere verteidigt deshalb seine Stellung und greift den Lieblingshund an.

Um die Rangordnung zu wahren, sollte der Besitzer dem dominanten Hund Zuneigung zeigen.

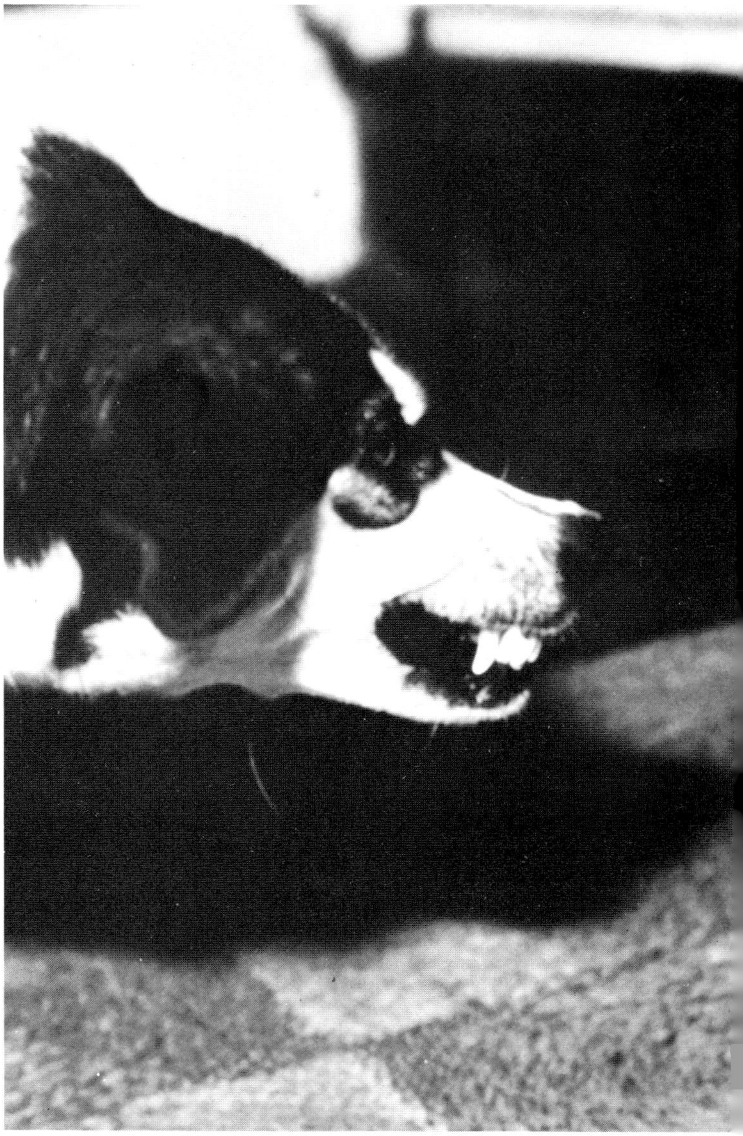

Die natürliche Hierarchie unter Hunden kann durch das Eingreifen des Besitzers schnell aus dem Gleichgewicht gebracht werden. Er wird je nach Bedarf immer den Schwächeren stützen.

Leider haben Hunde jedoch ein anderes hierarchisches Empfinden. Sie räumen dem Stärkeren immer den Vorrang ein, was auch der Besitzer aufmerksam verfolgen sollte. Wenn er nämlich in Anwesenheit des dominanten den unterlegenen Hund bevorzugt, wird der Stärkere das als Auflehnung des Schwächeren ansehen und ihn bedrohen oder sogar angreifen. Dies verleitet viele Hundehalter dazu, den Schwächeren zu beschützen und den Stärkeren auszuschimpfen. Der Effekt allerdings, den der Besitzer sich wünscht, bleibt aus. Der dominante Hund, gezwungen, seine Position zu halten, greift an, der andere weiß sich beschützt.

Sicherlich ist das alles für den Herrn nicht einfach, doch sollte er in solchen Fällen den dominanten Hund beruhigen und eher ihm als dem Unterlegenen Zärtlichkeit entgegenbringen. Dies wäre für beide Hunde das Beste, da andernfalls der Kampf unaufhörlich weitergeht. Gibt es eine eindeutige Hierarchie – Besitzer, stärkerer und schwächerer Hund –, so ist eine Situation hergestellt, die jeder – vor allem die Hunde – bereitwillig akzeptiert. Auch dem schwächeren Hund wird es guttun, wenn er genau weiß, was er sich erlauben kann und was nicht, und sich nicht auf die Beschützung durch seinen Herrn verlassen muß.

Ein Kampf zwischen Familienhunden bricht aus, wenn sich die festgelegte Rangordnung durch Krankheit ändert oder der jüngere Hund in die dominierende Stellung hineinwächst. Es kann ein Machtkampf um das Fressen, **links,** oder bevorzugte Spielzeuge ausbrechen. Der Hundebesitzer muß solch eine Situation mit Einfühlung zu lösen versuchen.

Der Hund und seine Aufgaben

Der Mensch der Frühzeit gebrauchte seinen Hund als Jagdgefährten. Heute wird er auf den verschiedensten Gebieten eingesetzt, als Jagdhund, Hirtenhund, Rettungshund, Spürhund, Blindenhund usw. Angeborene Eigenschaften, wie etwa Apportiertrieb oder natürliche Aggressivität, verbunden mit Lernfähigkeit, haben es dem Menschen möglich gemacht, den Hund auch für schwierige Militär- und Polizeiarbeit abzurichten oder ihn – wie etwa Windhunde – zu sportlichem Spiel zu gebrauchen.

Dieser Border Collie zwingt das Schaf zum Stehenbleiben, indem er es durchdringend fixiert.

Jagdhunde und Jäger

Rechts: Heute ist der Jagdhund nur noch ein Sporthund; früher war er ein notwendiger Jagdgehilfe. Der Kupferstich von Dürer, **oben,** zeigt den hl. Eustachius inmitten seiner Hunde. **Unten:** Der persische Saluki wurde zur Gazellenjagd verwendet. **Gegenüber unten:** Drahthaarige Foxterrier sollten Füchse aufspüren.

Die ersten zahmen Hunde wurden zum Bewachen und Hüten der Herden wie auch zum Jagen eingesetzt. Für diese Aufgabe werden sie auch heute noch, nach vielen tausend Jahren, gezüchtet. Die ersten Jagdhunde waren vermutlich sehr schnelle Renner und jagten sämtliche Arten von Wild. Zu ihren Nachkommen gehören mehrere Rassen, die allgemein als Jagdhunde bezeichnet werden.

Viele Jagdhunde werden direkt nach dem Wild benannt, das sie jagen bzw. zu dessen Jagd sie gezüchtet wurden, wie etwa der Foxhound, Deerhound, Otterhound und Irish Wolfhound. Andere bekannte Jagdhunde sind der russische Barsoi, der ursprünglich Wölfe jagte, der Greyhound, der viele Wildarten jagte – u. a. Hasen, Schakale, Gazellen –, und der Beagle, der sich bei der Hasenjagd ausgezeichnet bewährte.

Heute werden fast alle Jagdhunde nur zum Jagdsport benutzt und nicht wie einst, um dem Menschen Nahrung zu verschaffen. Viele dieser Hunde jagen in der Meute. Die engli-

schen Fuchshunde und Beagles werden fast immer als Meute eingesetzt, der Jäger zu Pferd oder zu Fuß folgen.

Das Jagen ist jedoch nicht die einzige Möglichkeit, Wild zu fangen. Der Dachshund zum Beispiel wurde gezüchtet, um in einen Dachsbau hineinkriechen zu können, den Dachs dort zu stellen oder hinauszutreiben. Das Bellen des Dachshundes zeigt seinem Besitzer an, wo der Dachs steckt, so daß er ausgegraben werden kann. Jeder Besitzer eines Dachshundes weiß, wie gut sein Hund graben kann.

Die Terrier wurden in England ursprünglich zu einem ähnlichen Zweck gezüchtet, und zu ihnen gehört eine Gruppe von Hunden, die keine Jagdhunde sind. Es gibt heute die verschiedensten Terrierrassen, die auch zur Jagd über der Erde eingesetzt werden, vor allem im dichten Unterholz. Einige Terrierrassen fangen kleines Raubzeug, wie Ratten, Wiesel usw. Der Manchester Terrier, früher als Glatthaarterrier bezeichnet, wurde ursprünglich eigens zu diesem Zweck gezüchtet.

Auf der Fährte

Während einige Rassen abgerichtet worden sind, Wild zu töten, wurden andere gezüchtet, um dem Jäger bei der Jagd zu helfen, nicht jedoch selbst die Beute zu töten. Ihre Existenz kann etwa 2500 Jahre zurückverfolgt werden. Damals berichtete der griechische Historiker Xenophon von Hunden, die – anstatt das entdeckte Wild zu jagen – stillstanden, das Tier anblickten und vor Erregung bebten.

Die Zucht von Jagdhunden, die nicht töten, wurde durch die Erfindung des Gewehrs gefördert. Die Hunde spüren das Wild vor allem mit der Nase auf und zeigen seinen Standort, indem sie mit dem Kopf die jeweilige Richtung andeuten. Auf Kommando läuft der Hund los, um das Wild aufzuscheuchen und zu apportieren.

Es bedarf einer besonderen Abrichtung für diese Aufgaben, denn Hunde neigen von Natur aus dazu, das Wild zu jagen, anstatt vor ihm stehenzubleiben und es anzuzeigen. Eine wichtige Voraussetzung ist außerdem, daß der Hund nicht schußscheu ist.

In den Vereinigten Staaten und England ist es üblich, einen Hund zur Suche, einen zur Anzeige und zum Aufscheuchen und einen anderen zum Apportieren einzusetzen. Pointer, Setter und Spaniel werden für die ersten drei Jagdphasen verwendet, Apportierhunde für die letzte.

Auf dem europäischen Kontinent hingegen sind vielseitigere Rassen entwickelt worden, die alle Jagdphasen beherrschen. Trotz der großen Vorteile besteht die Gefahr, daß die Leistungen auf den einzelnen Gebieten weniger gut sind als bei den spezialisierten Hunden. Der Münsterländer und der Weimaraner gehören zu diesen »Vielzweck«-Jagdhunden.

Ein abgerichteter Labrador rührt sich erst auf Erlaubnis.

Spaniels durchstöbern das Dickicht nach Wild.

Zwei Pointer nehmen den Geruch auf und verharren in der klassischen Pose: Nase hoch, Vorderlauf gewinkelt, Rute gestreckt.

Oben links: Der Springer Spaniel mußte einst das Wild aufscheuchen, wie dieser frühe Stich zeigt.
Mitte: Weimaraner, vielseitige Jagdhunde, am Weimarer Hof gezüchtet, sind gut in der Such-, Apportier- und Wasserarbeit.
Unten: Ein erlegter Fasan.

Der gute Jagdhund kehrt schnell zurück und hält die Beute sanft zwischen den Zähnen.

Abgerichtete Hunde apportieren das Wild aus dem Wasser.

Der folgsame Jagdhund läßt den Wasservogel sofort los.

Hunde für Sport und Unterhaltung

Als die Jagd mit Hunden keine Notwendigkeit mehr war, wurden Hunde auch im Sport eingesetzt. Am beliebtesten wurde das Greyhound-Rennen, bei dem die Hunde auf kreisrunder oder ovaler Bahn hinter einem simulierten Hasen herlaufen. Dieser Sport wird in vielen Ländern praktiziert, er zieht sehr große Zuschauermengen an, die bei den Wetten hohe Geldsummen setzen. Auch andere Rassen, wie etwa die Whippets, bestreiten solche Rennen. Rennarten, wie die Hasenhetze, bei der lebendes Wild gejagt wird, sind im Aussterben begriffen, in manchen Ländern sogar verboten.

Früher sind Hunde für Spiele gebraucht worden, die heute als grausam angesehen werden und daher nicht mehr erlaubt sind. Dazu gehört das Bullenbeißen, das etwa vor 700 Jahren in England aufkam. Es war ein sehr populäres Kampfspiel, für das besondere Hunde gezüchtet wurden – dies waren die Vorfahren der Bulldogge, des Bullterriers und des Staffordshire Bullterriers.

Das Bullenbeißen fand auf speziellen Kampfplätzen statt, und die Hunde wurden nicht nur auf Bullen, sondern auch auf andere Tiere und Hunde angesetzt. Dieser Sport wurde jedoch in England 1835 bereits verboten, in anderen Ländern ungefähr zur gleichen Zeit. Als Ersatz wurden andere Varian-

Der Hund als Schauobjekt

Zirkus und Varieté haben den Hund als gelehrigen Artisten schon lange entdeckt. Das eine Bild zeigt eine typische Pudeldressur: das Gehen auf Hinterläufen; das Bild darunter »Johnny Watson's Canine Wonders« – ein erfolgreicher Zirkusakt.

Seit langem wird der Hund im Sport eingesetzt.
Unten: Greyhound-Wettrennen haben ein großes Publikum und erbringen hohe Wetteinsätze.
Links: Hunde sind gute Rattenfänger, doch ist die Rattenjagd heute ein verbotener Sport.

ten erfunden, wie etwa die Rattenjagd mit dem Manchester Terrier. Einer von ihnen soll einmal in 6 Minuten und 32 Sekunden 100 Ratten getötet haben.

»Belustigungen« dieser Art gibt es heute kaum noch, aber Hunde üben immer noch eine große Anziehungskraft auf das unterhaltungsbedürftige Publikum aus. Bei Schäferhund-Wettbewerben finden sich nach wie vor viele Schaulustige, ebenso bei Vorführungen von Militär- und Polizeihunden, die u. a. Kletterwände überwinden oder durch brennende Reifen springen. Im Zirkus laufen Hunde auf zwei Beinen und schlagen Purzelbäume.

Darauf trainiert, die Beute für den Jäger zu finden, verharren Pointer in dieser typischen Pose, zeigen die Beute an und warten auf weitere Befehle.

Hirtenhunde

Eine der ersten Aufgaben des Hundes im Dienste des Menschen war das Hüten, Treiben und Beschützen von Schafen, Rindern und anderem Vieh. Es gibt viele Hunderassen, deren Name auf ihre vergangene und gegenwärtige Funktion hinweist: der Pyrenäische Schäferhund hatte ursprünglich die Aufgabe, Viehherden vor Wölfen und Bären in abgelegenen Bergregionen zu schützen. Eine andere große Rasse, der Old English Sheepdog, wurde früher wahrscheinlich für eine ähnliche Aufgabe eingesetzt, später aber, um Schafe zu hüten und Rinder zu treiben.

Einer der besten Schäferhunde ist heute der Border Collie (»border« ist das englische Wort für Grenze), der aus dem Grenzgebiet zwischen England und Schottland stammt. Diese Hunde nehmen an Wettbewerben teil, wo sie auf Befehl eines Bauern oder Schafhirten ihre Geschicklichkeit unter Beweis stellen. Wie viele Schäferhundrassen besitzen auch die Border Collies einen angeborenen Hüteinstinkt, der auch dann zu beobachten ist, wenn sie nicht eigens dafür abgerichtet wurden. Ein typisches Merkmal dieser Rasse ist der »Blick« – die Fähigkeit, Schafe allein durch den direkten Blick in Kontrolle zu halten. Dies ist ein ausgezeichnetes Beispiel dafür, wie durch Zucht ein bestimmtes Verhalten zum Rassenmerkmal werden kann.

Eine neue Schäferhundrasse ist in Australien entwickelt worden, der Kelpie. Sehr ungewöhnlich ist seine Eigenschaft, über die Rücken der Schafe laufen zu können, die dicht zusammengedrängt in der Herde stehen. Die Australier haben außerdem eine besondere Rasse zum Rinderhüten gezüchtet.

Zum Hüten gezüchtet

Oben: Ein Kelpie ruht sich auf einer zusammengepferchten Schafherde aus. Diese Hunde sind wegen ihrer Zähigkeit und Intelligenz bekannt, wurden extra für Australien aus schottischen Collies gezüchtet und werden heute auch in andere Länder exportiert, darunter die USA und Kenya.
Darunter: Der gute Hirtenhund sieht jede Bewegung voraus, beißt oder bellt nicht, doch umkreist er das Schaf mit unendlicher Geduld.

Der »Heeler« treibt zurückbleibende Tiere durch einen leichten Biß in die Ferse (engl. heel) vorwärts.

Verschiedene charakteristische Eigenschaften sind wichtig bei Hunden, die Vieh treiben, nicht dagegen ihre Größe. Das beweist z. B. der kleine Welsh Corgi, der schon vor 1000 Jahren dafür gebraucht worden ist.

Während die Rassen der Treib- und Hirtenhunde oft ein kurzes Fell haben, fällt auf, daß die Rassen, die nur zum Beschützen der Herden gezüchtet wurden, ein außerordentlich langes Fell haben, das sie gegen Kälte schützt. Der Old English Sheepdog und der Pyrenäische Berghund sind gute Beispiele dafür. Die bemerkenswertesten Felle haben zwei ungarische Hirtenhunde, der Puli und der Komondor. Bei ihnen hängt das Fell in langen Schnüren oder Platten herunter.

Oben: Drei Generationen von Pyrenäen-Berghunden, die unter schwierigsten Wetterbedingungen in steilen Gebirgsgegenden Viehherden hüten können.
Links und rechts: Hütehunde arbeiten in größtem Einklang mit dem Hirten zusammen.

Blindenhunde

Blindenhunde oder »Sehende Augen«, wie man sie in den Vereinigten Staaten nennt, sind sicher die wichtigste Gruppe unter den abgerichteten Hunden. Nur wenige können zu Blindenhunden ausgebildet werden, denn allein die größeren Rassen sind dafür geeignet. In den Vereinigten Staaten ist der Deutsche Schäferhund, in Großbritannien der Labrador am beliebtesten. Dort gibt es auch ein spezielles Züchtungsprogramm, damit der Bedarf an Blindenhunden gedeckt werden kann. Aufgrund dieses Programmes ist der Prozentsatz junger Hunde, die mit Erfolg abgerichtet wurden, mehr und mehr gestiegen.

Zur Abrichtung werden vorwiegend Hündinnen ausgewählt, weil sie weniger beherrschend sind und sich nicht so

Vorbereitung auf künftige verantwortungsvolle Aufgaben.

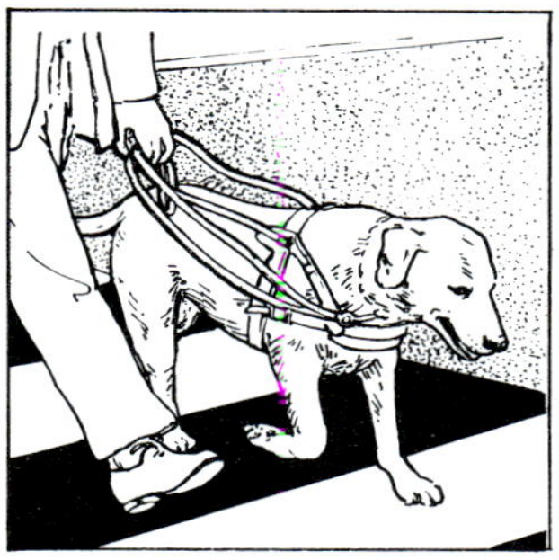

Der Hund darf bei Verkehr nicht die Straße überqueren.

Er muß gefährliche Hindernisse umgehen.

Blindenhunde müssen mit Rolltreppen fertig werden.

leicht von anderen Hunden ablenken lassen. Ihnen werden die Eierstöcke entfernt, damit sie nicht läufig werden.

Die Abrichtung eines zukünftigen Blindenhundes beginnt mit etwa zwei Monaten, wenn er zu einem freiwilligen Trainer gegeben wird. Dieser betreut den Hund, bis er 10 oder 12 Monate alt ist, und bringt ihm die Grundregeln bei. Der junge Hund absolviert ein Haus- und Gehorsamstraining und wird mit Verkehr, Geschäften, Eisenbahnstationen, Brücken, Autobussen und anderen Hunden vertraut gemacht. Er lernt so zu gehen, wie er es in Zukunft tun muß: in der Mitte des Bürgersteiges, links von seinem Besitzer und knapp vor ihm. Man bringt ihm auch bei, wie er sitzen muß – die Hinterbeine nahe an den Vorderbeinen –, so, wie es für den zukünftigen Partner am bequemsten ist.

Nach diesen ersten Monaten kommt der zukünftige Blindenhund in ein Trainingslager zur Bewertung. Gewisse Fehler, wie die Jagd nach Katzen, Überempfindlichkeit bei lauten Geräuschen oder ein unzuverlässiges Temperament, machen den Hund untauglich, es sei denn, die Fehler lassen sich schnell beheben. Bewährt er sich, beginnt das Training in einem speziellen Geschirr.

Das letzte Stadium der Abrichtung erfolgt bei dem blinden Besitzer. Auch er muß lernen, seinen Hund richtig zu behandeln, ebenso, daß er sich auf ihn unterwegs verlassen kann. Ihn zu beherrschen ist in diesem Fall besonders wichtig, um vom Hund respektiert zu werden.

Als Blindenhund funktioniert der Hund nur im Geschirr. Sonst verhält er sich wie jeder andere Hund. Erst bei der Arbeit tritt der erstaunlich hohe Grad seiner Abrichtung in Erscheinung.

Links und rechts: Der gut abgerichtete Blindenhund ist das Auge seines Herrn. Ist er nicht im Geschirr, wird er zum normalen, verspielten Hund.

Im Dienst des Menschen

Außer Jagen und Hüten haben Hunde im Laufe der Geschichte vielfältige Arbeiten für den Menschen verrichtet. In arktischen Gebieten und schneereichen Hochgebirgsgegenden waren Hunde – und sind es zum Teil heute noch – als Lasttiere sehr wichtig. Obwohl sie sehr viel kleiner sind und deswegen weniger Gewicht ziehen können als andere Tiere, die zum Ziehen von Karren und Schlitten eingesetzt werden, macht ihre Kältefestigkeit sie für diesen Zweck außerordentlich geeignet. Huskies und ähnliche Nordlandhunde sowie Schweizer Berghunde haben eine lange Geschichte als Tragtiere.

Die Zähigkeit des Hundes und auch sein gutes Geruchsvermögen haben ihn dazu prädestiniert, Rettungsfunktionen zu übernehmen. Bernhardiner wurden vor etwa 300 Jahren von Mönchen in den Schweizer Alpen gezüchtet und bald

dazu eingesetzt, verirrte Reisende aufzuspüren – eine Aufgabe, die sie zum Teil noch erfüllen.

Der Einsatz des Hundes als Spürhund hat in den letzten Jahren sehr zugenommen, da immer mehr Polizei- und Militärhunde gebraucht werden. Es ist interessant, daß für diese Aufgaben nur ganz bestimmte Rassen in Frage kommen, vor allem der Deutsche Schäferhund, der Labrador und der Dobermann.

Der Deutsche Schäferhund ist der Gebrauchshund des 20. Jahrhunderts geworden, da er sich in vielseitigster Weise einsetzen läßt, beim Schutzdienst, bei der Fährtenarbeit, als Grundstücksbewacher usw. Der Einsatz bei Polizei, Armee und im Bergrettungsdienst nimmt immer mehr zu. Das wird auch weiter so bleiben. Heute helfen mehr und mehr Hunde beim Aufspüren von Rauschgift, Munition und Sprengstoffen.

Oben links: Früher wurden Neufundländer als Rettungshunde eingesetzt. **Links:** Seit Jahrhunderten arbeitet der Husky für die Eskimos. Hunde helfen Polizisten und Soldaten. **Oben rechts:** Aufspüren von Explosivstoffen. **Unten rechts:** Festhalten eines Verbrechers.

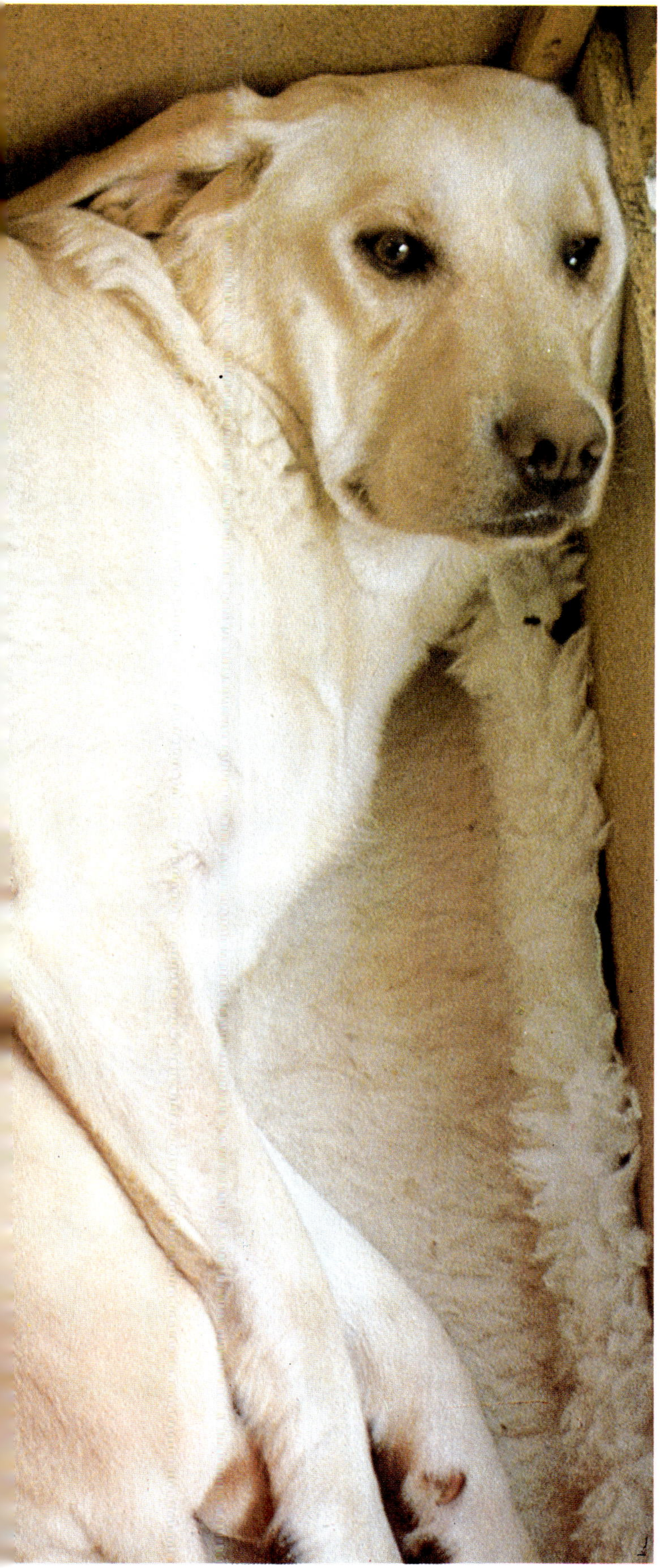

Der Lebenszyklus des Hundes

Der Hund zeigt in jeder Periode seines Lebens – der Werbung, Paarung und Trächtigkeit – ein anderes ungewöhnliches Verhalten. Das Paarungsritual und das Nesten, bei dem die trächtige Hündin Stoffe zerreißt, um ihr Lager auszustaffieren, oder Spielzeug herumträgt, sind gute Beispiele dafür. Kaum sind die Welpen geboren, kommen sie schon in ein entscheidendes Lebensstadium; sie werden nämlich bereits der Umgebung ausgesetzt, die für ihr späteres Verhalten maßgeblich ist.

Eine Labrador-Retriever-Hündin säugt ihre Welpen. Anders als andere Tiere zeigen Hunde keine Vorliebe für eine bestimmte Zitze.

Das Paarungsritual

Ist die Hündin läufig, wird sie vom Rüden umworben. Die Hunde beschnuppern sich zuerst gegenseitig die Nase.

Während des Werbungsrituals beschnuppern sich die Hunde mit verstärktem Interesse gegenseitig die Leistengegend.

Es folgt dann ein kurzes Spiel, bei dem die Hündin ihre typische Stehposition einnimmt.

Sobald ein Rüde geschlechtsreif ist, wird er zur Werbung und Paarung immer bereit sein. Bei Hündinnen jedoch ist diese Bereitschaft zyklisch, das heißt, sie ist nur sexuell aktiv, wenn sie läufig ist, im Fachterminus »in oestrus«. Im Durchschnitt ist eine Hündin alle sechs Monate läufig, doch kann die Zeit zwischen den Perioden der Läufigkeit variieren, sie kann von vier bis zu zwölf Monaten reichen.

Das Verhalten des Rüden richtet sich nach dem sexuellen Verhalten der Hündin. Die Hündin macht während ihres Fortpflanzungszyklus verschiedene Phasen durch. Die längste ist im allgemeinen die ruhige Zeit, in der sie keinen Rüden annimmt und in der sich ihr meist auch keine Rüde nähert. Diese Phase dauert vier oder fünf Monate, und während dieser Zeit befinden sich ihre Fortpflanzungsorgane in einem »Ruhezustand«.

Diese Ruhephase endet, wenn die Hündin beginnt, Rüden anzuziehen. Obwohl sie nun ein größeres Interesse an ihnen zeigt, kommt es nicht zum Deckakt. Ihr Verhalten ändert sich: sie wird z. B. unruhig, appetitlos, und der Harndrang vermehrt sich.

In diesem Stadium machen sich auch anatomische Veränderungen bemerkbar: die Schamlippen schwellen an, eine blutige Schleimabsonderung setzt ein. Die Hündin scheidet mit dem Harn chemische Geruchsstoffe aus, die Rüden anlokken, so daß diese sich nun vor ihrer Haustüre zu versammeln beginnen. Das belästigt den Hundebesitzer ziemlich, doch

Bereits in der ersten Phase, der »Vor-Brunst«, beginnt sich der Rüde für die Hündin zu interessieren, doch sie läßt eine Paarung während der »Hoch-Brunst« erst zu, wenn sie bereits eine Woche läufig ist.

kann man so gut wie nichts tun, um diesen Geruch zu verdekken. Bei manchen Hündinnen bleiben diese Anzeichen aus, was eine erfolgreiche, wenn auch unerwünschte Paarung nicht verhindert.

Obwohl die Rüden in dieser Phase das größte Interesse für die Hündin zeigen, wird sie sich immer noch nicht decken lassen. Entweder läuft sie fort, oder sie bedroht den Rüden, was ihn im allgemeinen auch abschreckt. Dieses Stadium im Sexualzyklus der Hündin kann zwischen zwei und fünfzehn Tagen dauern, wobei ungefähr sechs Tage der übliche Durchschnitt sind.

Das nächste Stadium ist das der »Hochbrunst«, in der die Hündin deckbereit ist und die Befruchtung möglich wird. Mit Beginn dieses Stadiums vollzieht sich im Verhalten der Hündin ein deutlicher Wechsel. Hat sie vorher die »Annäherungsversuche« des Rüden laufend abgelehnt, tut sie dies nun nicht mehr so häufig und beginnt ihre charakteristische Stellung einzunehmen: sie streckt dem Rüden ihre Vulva entgegen, wobei sie den Schwanz seitlich wegstellt.

Da die Ovulation der reifen Eizellen nicht gleichzeitig erfolgt, sondern mehrere Tage in Anspruch nimmt, kann die Hündin theoretisch von mehreren Rüden befruchtet werden, so daß bei einem Wurf Welpen verschiedene Väter beteiligt sein können. Daher ist es wichtig, die Hündin während der gesamten Zeit der Hochbrunst, also auch nach erfolgtem Deckakt, zu beaufsichtigen.

Die Paarung

Läßt die läufige Hündin einen Rüden an sich heran, so spielt sich ein regelrechtes Werbungsritual ab, das jedesmal demselben Muster folgt. Zuerst begrüßen sich die beiden Hunde, indem sie sich an der Nase und dann am Hinterteil beschnuppern. Das machen Hunde zwar immer, wenn sie sich begegnen, doch ist das Interesse jetzt größer, vor allem von seiten des Rüden. Dies führt dann meist zu einem kurzen Spiel, besonders in den frühen Tagen der Läufigkeit. Als letzte Handlung vor dem eigentlichen Deckakt wird sich dann der Rüde dicht neben die Hündin stellen, Seite an Seite mit ihr, in die gleiche Richtung blickend, Kopf und Rute erhoben.

Vorausgesetzt, die Hündin ist willig, bietet sie sich nun in der bereits beschriebenen Stellung dem Rüden an, und er bespringt sie. Nach vollzogener Paarung steigt der Rüde ab, doch bleiben die beiden noch eine Zeitlang miteinander verbunden, manchmal einige Minuten, manchmal auch eine ganze Stunde. Dabei stehen Rüde und Hündin ruhig da, blikken einander aber nicht an. Es kann passieren, daß auch die Hündin aktiv wird und vielleicht sogar versucht, den Rüden zu beißen. Wenn dies geschieht, sollte man sie beruhigen.

Die Paarung muß nicht immer so reibungslos ablaufen. Die Erfahrung spielt dabei eine wesentliche Rolle, denn unerfahrene Rüden bespringen die Hündin falsch, von der Seite oder von vorn. Auch wird das Vorspiel zum Deckakt länger dauern, wenn einer der Partner unerfahren ist.

Sicher fallen auch individuelle Vorlieben ins Gewicht. Ob-

Bei der Auswahl eines Rüden sollte man darauf achten, daß Größe, Färbung und Temperament der Hündin entsprechen.

Nach dem einleitenden Liebesspiel »steht« die Hündin, die Rute leicht zur Seite gestellt.

Der Rüde bespringt die Hündin, und die Paarung vollzieht sich. Man sollte sie keinesfalls gewaltsam trennen.

Dann bleiben beide Tiere gebannt stehen, blicken sich aber nicht an. Diese Phase kann etwa eine Stunde dauern.

wohl es bei Hunden keine Paare auf Dauer gibt, haben Untersuchungen gezeigt, daß Hündinnen durchaus sexuelle Vorlieben für gewisse Partner haben. Das gleiche gilt für Rüden, wenn auch in geringerem Maße. Ferner spielen noch andere Faktoren eine wichtige Rolle: die Sozialisierung von Hunden untereinander und mit dem Menschen, außerdem natürlich auch jede Art von Lärm oder Unruhe in der Nähe des Paarungsgeschehens.

Meist wird die Hündin zum Rüden gebracht, seltener der Rüde zur Hündin. Das kommt daher, weil der Rüde eine stärkere Abhängigkeit vom eigenen Territorium hat und auch während der Paarung seine Dominanz beweisen muß, was er auf heimischem Territorium besser kann als in fremder Umgebung. Die weniger dominierende Hündin wird durch die Umgebung nicht so beeindruckt.

Ist die Zeit der Läufigkeit beendet, wird die Hündin für den Rüden sexuell uninteressant, aber auch sie wehrt dann jede Annäherung ab. Dieser Wechsel im Verhalten vollzieht sich sehr schnell, doch kann es passieren, daß sie einen Rüden an einem Tag abwehrt und ihn am nächsten annimmt. Findet keine Paarung statt oder bleibt sie erfolglos, fällt die Hündin für einige Monate in ein sexuell inaktives Stadium zurück.

Bei sterilisierten Hündinnen und kastrierten Rüden schwindet die sexuelle Aktivität. Heute ist es möglich, mit Injektionen die Läufigkeit immer wieder hinauszuschieben, ohne sie endgültig zu unterbinden.

Die trächtige Hündin

Trächtige Hündinnen verhalten sich oft merkwürdig, schmiegen Spielzeuge an sich, als handele es sich um Welpen. In dieser Zeit sollte der Besitzer geduldig sein und sich erst sorgen, wenn dieses Verhalten noch anhält, nachdem die Welpen fort sind.

Die Trächtigkeit der Hündin dauert etwa 63 Tage – manchmal mehr, manchmal weniger. Bei Beginn der Trächtigkeit ist weder im Verhalten noch im Aussehen eine Veränderung zu bemerken. Ein Tierarzt kann erst nach etwa drei Wochen die Embryos feststellen.

Etwa nach fünf Wochen sieht man dann, daß die Hündin trächtig ist, daß ihr Bauch sich zu runden beginnt und das Körpergewicht leicht zunimmt. Bei manchen Hündinnen jedoch merkt man es erst nach sechs oder sieben Wochen. Die Hündin nimmt dann bis zur neunten Woche an Umfang und Gewicht sehr schnell zu.

Ein häufiges Phänomen bei Hunden ist die sogenannte Scheinträchtigkeit oder Pseudogravidität, die oft nach einer erfolglosen Paarung eintritt. Die äußerlichen Merkmale der Scheinträchtigkeit sind denen einer echten sehr ähnlich, nur daß sich natürlich keine Embryos entwickeln. Trotzdem kann die Hündin an Umfang zunehmen und ihr Gesäuge wie bei einer echten Trächtigkeit anschwellen.

Eine Scheinträchtigkeit endet manchmal, bevor die vollen neun Wochen der normalen Trächtigkeit abgelaufen sind; der Bauch beginnt plötzlich an Umfang abzunehmen, und die Hündin macht keinen trächtigen Eindruck mehr. Endet sie nicht, treten jene Veränderungen im Verhalten auf, die auch für trächtige Hündinnen charakteristisch sind.

Kurz vor der Geburt wird die Hündin im allgemeinen ziemlich unruhig, läuft suchend umher, jault oder winselt möglicherweise, zerreißt unter Umständen jedes für sie erreichbare Material, das für den »Nestbau« bestimmt ist, oder verweigert den Gehorsam.

Der Hundebesitzer sollte bei der Trächtigkeit seiner Hündin einige Dinge besonders beachten. Nach der vierten Woche der Trächtigkeit ist die Futtermenge allmählich zu erhöhen, bis sie bei der Geburt ungefähr das zwei- bis dreifache der üblichen Menge beträgt. Für den Wurf sollte ein zugfreier, nicht zu heller Raum und eine geeignete Kiste zur Verfügung gestellt werden. Und schließlich: Verhält sich die Hündin während der Tragzeit merkwürdig, sollte der Besitzer Verständnis und Geduld aufbringen.

Eine Wurfkiste ist zu empfehlen

Eine mit Decken ausgelegte Wurfkiste sollte man an einen dunklen, zugfreien Platz stellen. Vielleicht wirft die Hündin dort nicht, doch kann man sie später mit den Welpen dort hinbringen.

Die Geburt

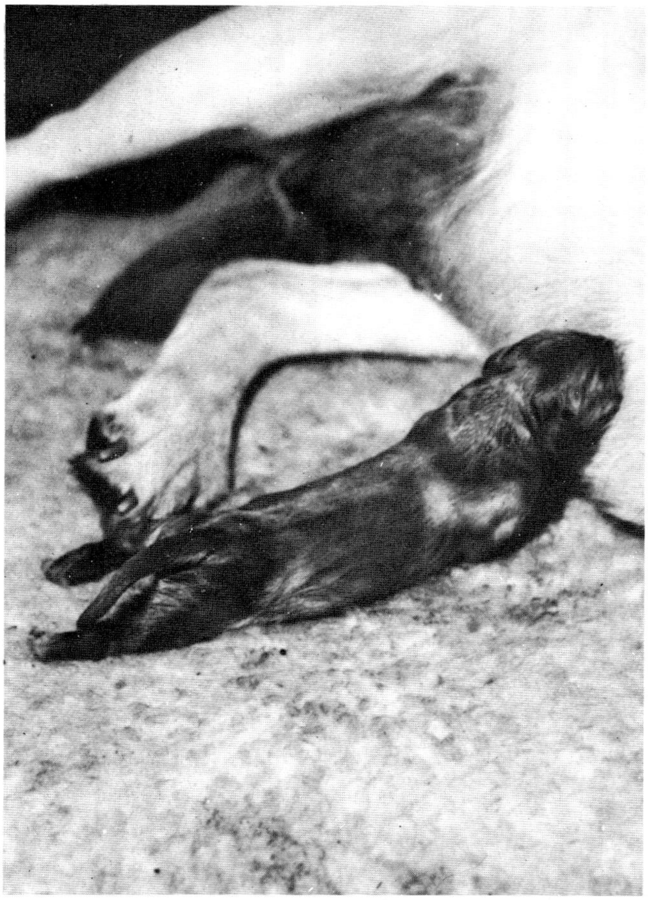

Oben: Die Hündin befreit das Neugeborene aus der Fruchthülle und beleckt es, damit es zu atmen beginnt. Bald darauf stürzen sich die Welpen auf die Zitzen. Die Mutter hilft ihren Jungen und sorgt dafür, daß keines das warme Lager verläßt.

Die ersten Anzeichen der bevorstehenden Geburt sind eine zunehmende Unruhe der Hündin und eine Abnahme des Appetits. Doch das ist von Hündin zu Hündin verschieden, im allgemeinen verstärkt sich die Unruhe zwischen 12 und 24 Stunden vor Beginn der Wehen. Ein weiteres Zeichen für die bevorstehende Geburt ist eine Temperatursenkung von 1–1½° C. (Die Normaltemperatur bewegt sich zwischen 38° und 38,8° C.) Manchmal beginnen die Wehen auch ganz unerwartet.

Unmittelbar vor Beginn der Wehen verbringt die Hündin viel Zeit mit dem Nestbau. Zeitungen oder Tücher, die man ihr gibt, zerreißt sie und breitet sie um sich herum aus. Falls sie kein Material bekommt, beginnt sie neben dem Wurflager zu scharren. Kurz vor den Wehen wird die Hündin Fremden gegenüber oft aggressiv, dem eigenen Herrn gegenüber jedoch besonders zutraulich.

Während der Wehen liegt die Mutter im Wurflager auf der Seite, und zwar mit dem Rücken gegen die Wand. Ihr Atem ist manchmal schnell, dazwischen liegen aber Perioden einer langsamen, tiefen und einer normalen Atmung. Während der Wehen zucken oft die Hinterläufe, und manchmal zittert der ganze Körper.

Die Hündin wirft im Liegen, doch steht sie, während sie preßt, auch auf und bewegt sich. Nach starken Gebärmutterkontraktionen und unter pressenden Bewegungen wird der Fetus ausgetrieben. Sofort nach dem Fetus wird der Mutterkuchen ausgestoßen.

Die Welpen kommen in unregelmäßigen zeitlichen Ab-

ständen zur Welt, meist 20 bis 60 Minuten nacheinander. Größere Zeitabstände können durch Störungen bewirkt sein, vor allem durch andere Hunde oder Einmischung von Menschen. Diese Störungen können auch die normale Reihenfolge der Kontraktionen während der Wehen unterbrechen.

Sobald ein Welpe geboren ist, befreit ihn die Mutter aus der Fruchthülle und beleckt ihn, damit er zu atmen beginnt. Die Nabelschnur wird entweder von der Mutter durchgebissen oder zerreißt von selbst. Die Nachgeburt und einen Teil der Nabelschnur frißt die Hündin. Dies ist sicher kein sehr schöner Anblick, doch ein ganz normaler Vorgang, der nicht nur Hunden, sondern fast allen wilden Tieren eigen ist.

Im allgemeinen hat die Hündin beim Werfen keine Schwierigkeiten; menschliches Eingreifen könnte sich sogar nachteilig auswirken. Die Steißlage ist bei Hunden durchaus normal und kein Grund zur Beunruhigung. Es gibt jedoch einige Rassen, bei denen Schwierigkeiten während der Geburt auftreten können, vor allem bei Zwergrassen. In einem solchen Fall muß der Besitzer natürlich Hilfe leisten und, wenn nötig, den Tierarzt holen.

Eine Wurfkiste, an die sich die Hündin vor der Geburt gewöhnen kann, erleichtert diese beträchtlich. An der Innenwand sollte eine Schutzleiste angebracht werden, die verhindert, daß die Mutter die Jungen während der ersten Tage unabsichtlich erdrückt. Sterben Welpen bei der Geburt oder kommen tot zur Welt, leckt die Mutter auch sie, solange sie warm sind, und kümmert sich um sie. Sie beachtet sie nicht mehr, wenn sie kalt geworden sind.

Der neugeborene Welpe

Ein Welpe wird in einem sehr frühen Entwicklungsstadium geboren, doch nach der Geburt wächst er sehr schnell und beginnt auch ebenso schnell, seine Sinne zu beherrschen. Bei der Geburt sind die Augen noch geschlossen, die Ohren noch nicht ausreichend entwickelt, und außerdem kann er wahrscheinlich auch noch nichts riechen. Der neugeborene Welpe hat einen kaum ausgebildeten Geschmackssinn, doch kann er sich in diesem frühen Stadium ganz auf seinen Tastsinn und seine Kälteempfindlichkeit verlassen.

Der neugeborene Welpe ist in seinem Verhalten ziemlich eingeschränkt, doch in höchstem Grade schon funktional ausgerichtet. 90 Prozent seiner Zeit verbringt er schlafend und die restliche Zeit fast nur mit Nahrungsaufnahme. Er wechselt direkt vom Zustand des Wachens in den des Schlafens über, kennt also kein Zwischenstadium.

Ist er wach, so sucht er entweder nach einer Zitze oder saugt daran. Will er sich auf der Suche nach ihr vorwärts bewegen, so rutscht er auf dem Bauch und macht mit den Vorderbeinen eine schwimmende Bewegung. Gleichzeitig schaukelt sein Kopf von einer Seite zur anderen, auf der Suche nach Wärme. Gelingt es dem Welpen nach kurzem Herumrutschen nicht, seine Mutter zu finden, versucht er es noch einmal in einer an-

Links: Der neugeborene Welpe verbringt die meiste Zeit mit Schlafen und Säugen. Zuerst kann er weder sehen noch hören und verläßt sich auf seinen Tastsinn, der ihm hilft, die Zitzen der Mutter zu finden.

deren Richtung. Sobald er den Körper der Mutter spürt, tastet er sich an ihm entlang, bis er eine Stelle gefunden hat, in die er sich so vergraben kann, daß Kopf und Schultern bedeckt sind. Er wird sich ebenso verhalten, wenn ihm eine Menschenhand angeboten wird.

Die gleichen suchenden Bewegungen wiederholen sich, will er nun die Zitze finden; ein erfahrener Welpe allerdings saugt nicht sofort daran. Anders als junge Kätzchen, bevorzugen Hunde keine bestimmte Zitze. Obwohl ihr Geschmackssinn kaum entwickelt ist, mögen sie keine bitteren Substanzen, Milch offensichtlich schon.

Neugeborene Welpen besitzen einen Reflex, der bedingt, daß sie bei schmerzverursachenden Berührungen sofort das betroffene Glied zurückziehen. Gerät ein Welpe außer Reichweite seiner Mutter an einen kalten Ort, wird er unruhig, sein Atem beschleunigt sich, und er stößt einen Klagelaut aus, der menschlichem Weinen ähnlich ist. Beobachtungen haben gezeigt, daß die Mutter diesen Klagelaut nicht immer beachtet und den klagenden Welpen sogar erdrücken kann. Wenn sie den allein herumrutschenden Welpen nur hört, bringt sie ihn nicht zum Lager zurück. Sie muß ihn auch sehen. Nach überstandenem Unbehagen grunzt der Welpe.

Die Entwicklung zum Junghund

Die Entwicklung des Welpen verläuft in den ersten vier Wochen am schnellsten. Nach vier Wochen wiegt er etwa siebenmal soviel wie bei seiner Geburt, und seine Fähigkeit zu sehen, riechen und sich zu bewegen, hat stark zugenommen. Die Zeit, die mit Schlafen verbracht wird, reduziert sich, und der kleine Welpe beginnt sich neuen Aktivitäten zu widmen.

Das Sehvermögen entwickelt sich sehr schnell, so daß der Welpe mit vier Wochen fast so gut sehen kann wie ein erwachsener Hund. Bei der Geburt sind die Lidspalten geschlossen, und der lichtempfindliche Bereich des Auges, die Retina, ist kaum entwickelt, doch reagiert er auch dann schon, wenn helles Licht die Retina durchdringt.

Zwischen dem 10. und 15. Tag öffnen sich die Lidspalten, doch sieht er noch nicht gut und reagiert sehr unterschiedlich auf Lichter oder Bewegungen. Mit vier Wochen folgt er dann mit den Augen sich bewegenden Objekten in gleicher Weise wie ein erwachsener Hund. Sein Gehirn ist jedoch immer noch nicht voll ausgebildet, und erst eine Woche später ist er z. B. fähig, seine Mutter zu erkennen.

Die Entwicklung seiner Hörfähigkeit verläuft zeitlich analog dem Sehvermögen. Der Gehörgang öffnet sich nach etwa zwei Wochen, und mit vier oder fünf Wochen hört der Welpe richtig. Die Fähigkeit zur Koordination der Glieder und Kopfbewegungen, zu gehen und auf Berührungen zu reagie-

Unten: Die neugeborenen Welpen sind vollkommen von ihrer Mutter abhängig, denn sie spendet ihnen Nahrung und Wärme. Sie entwickeln sich in den ersten vier Wochen sehr schnell, beginnen auf ihre Umwelt zu reagieren und sind mit sechs Wochen bereits sehr unternehmungslustig

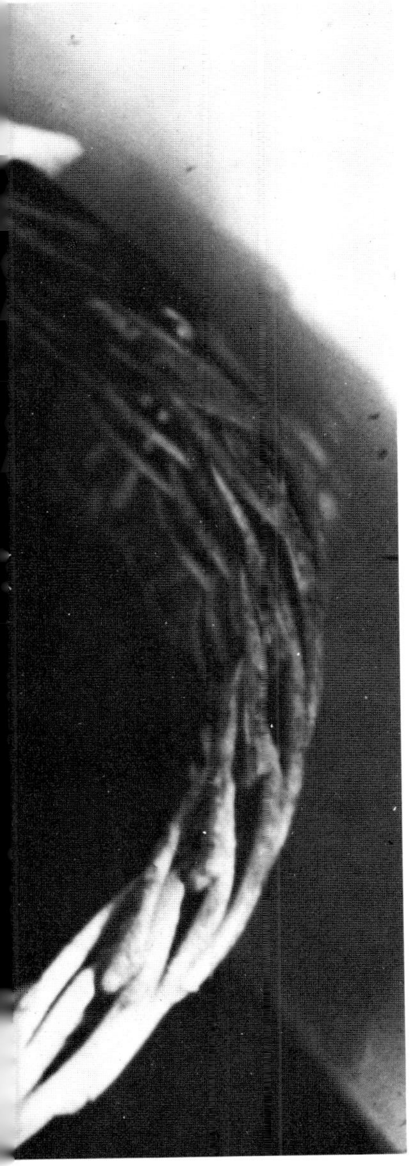

Die ersten Wochen: Entdeckungsreise

Drei Tage alt: Unfähig zu sehen, zu hören oder zu riechen, verläßt sich das Neugeborene auf seinen Tastsinn, trinkt alle zwei Stunden und schläft in der Zwischenzeit.

Eine Woche alt: Der Welpe sucht nach der Zitze und vergräbt sich in alles, was warm und weich ist, sogar in die menschliche Hand.

Zwei Wochen alt: Der Welpe beginnt, aktiver zu werden. Die Augen sind jetzt geöffnet, aber er sieht noch nicht.

Vier Wochen alt: Gehör und Geruchssinn sind entwickelt. Die Augen folgen schon Bewegungen. Der Welpe beginnt zu spielen.

Fünf bis sechs Wochen alt: Die Gesichtsmuskeln sind entwickelt, der Welpe verfügt nun über alle Ausdrucksmöglichkeiten für seine Mitteilungen.

ren, bildet sich zur selben Zeit aus, so daß der Welpe mit fünf Wochen in der Lage ist, alle anderen Fähigkeiten zu lernen, die er als erwachsener Hund braucht.

In dieser Entwicklungsphase sind die Lebenserfahrungen der Welpen noch sehr begrenzt. Sie verbringen auch weiterhin den größten Teil ihrer Zeit mit Schlafen oder Saugen und drängen sich beim Schlafen dicht zusammen, um es warm zu haben. Wacht einer auf, weckt er damit die andern, und sie beginnen alle gemeinsam zu saugen.

Welpen sind nicht in der Lage, ohne Anregung ihr Geschäft zu verrichten. Wenn die Mutter sie leckt, entleeren sie sich reflexbedingt. Das tut sie in den ersten zwei oder drei Wochen, wobei sie allen Unrat auffrißt, um das Lager sauberzuhalten. Nach Ablauf dieser Zeit machen die Welpen das alles selbständig.

Welpen beginnen mit der Aufnahme von festem oder halbfestem Futter, wenn sie etwa drei Wochen alt sind. Sie fressen dann alles, was sie in ihrer Lagerkiste finden. Manchmal regen sie die Mutter dazu an, für sie Nahrung zu erbrechen, indem sie ihr Gesicht und Maul lecken. Bei Wolfsmüttern ist es ganz normal, ihre Welpen auf diese Weise zu füttern.

Mit vier oder fünf Wochen fangen die Welpen an, miteinander zu spielen. Zu diesem Zeitpunkt verfügen sie bereits über ihr volles Ausdrucksrepertoire.

Die soziale Entwicklung

Diese Hunde gehen vertraulich mit anderen Tieren und Menschen, **unten rechts,** um, im Gegensatz zu Welpen, die zu früh – oder zu spät – von der Mutter entfernt wurden. Die kritische Sozialisierungsphase des Hundes findet zwischen der fünften und zwölften Woche statt.

Anders als Katzen, sind Hunde von Natur aus soziale Tiere. Wie Untersuchungen zeigen, gibt es im Leben eines Welpen eine kritische Phase, in der er unbedingt mit Menschen und Hunden zusammenkommen muß, um sich sozial normal zu entwickeln. Diese Periode setzt ein, wenn die Welpen miteinander zu spielen anfangen, und dauert etwa bis zur zwölften Woche. Danach ist ihr soziales Verhalten im großen und ganzen fixiert.

Tiere, die wild leben, lernen, in dieser Phase auf Mitglieder ihrer eigenen Art zu reagieren – ja sie überhaupt zu identifizieren –, und vor allem lernen sie auch, daß es eine Rangordnung gibt, die wichtig für den Zusammenhalt einer Hundemeute ist.

Die Bedeutung dieser Periode für die Sozialisierung des Hundes ist erwiesen. Welpen, die in den ersten drei Monaten wenig oder gar keine Berührung mit Menschen haben, werden schwierige Haustiere. Sie sind Menschen gegenüber schüchtern und ängstlich und bringen ihrem Besitzer weniger Vertrauen entgegen als andere Hunde. Welpen, die über 12 Wochen bei ihren Müttern geblieben sind, eignen sich z. B. nicht mehr für eine Abrichtung zum Blindenhund, und nur bei sehr intensiver Erziehung können solche Hunde überhaupt noch gute Haushunde werden.

Das beste Alter, das Zusammenleben mit dem Menschen zu lernen, ist die Zeit zwischen der sechsten und achten Woche. Daher ist es ratsam, einen Welpen in diesem Alter zu kaufen und ins Haus zu bringen.

Ein Welpe, der zu früh von der Mutter genommen wurde, mit vier oder fünf Wochen, und dann nur mit Menschen aufwuchs, macht andere Schwierigkeiten. Seine Zuneigung könnte ausschließlich auf seinen Herrn gerichtet sein, was später einen Mangel an sexuellem Interesse für andere Hunde nach sich zöge.

Die Sozialisierungsperiode ist auch die beste Zeit, einen Welpen mit anderen Haustieren bekannt zu machen. Wachsen Welpen z. B. nur mit Kaninchen oder Katzen auf, so zeigt sich, daß sie lieber – wenigstens für eine kurze Zeit – mit ihnen als mit ihrer eigenen Art zusammen sind und auch später bereitwillig ihre Gesellschaft annehmen.

Die richtige Pflege

Die Wahl des richtigen Hundes bestimmt das glückliche Zusammenleben zwischen Mensch und Hund. Der Hund ist für lange Jahre ein Mitglied des Hauses, und der Mensch muß die Verantwortung für all das übernehmen, was einen Hund gesund erhält und glücklich macht, ihn pflegen, richtig ernähren und ausreichend bewegen.

Einige Rassen, wie dieser Cocker Spaniel, bedürfen besonderer Aufmerksamkeit. Lange Ohren sind für Infektionen anfällig und müssen regelmäßig untersucht werden.

Die Wahl des Hundes

Die Wahl des Welpen ist sicherlich ein sehr entscheidender Schritt, denn es handelt sich ja um das Tier, für das man lange Jahre verantwortlich sein wird. So sollte man vor dem Kauf grundsätzliche Überlegungen anstellen: Wie groß ist der zur Verfügung stehende Wohnraum? Wie groß darf der Hund sein? Welchen Auslauf hat er? Welche Rasse gefällt einem besonders? Welche Hunde stehen zur Wahl? Ist der Hund gesund? Soll man einen reinrassigen nehmen oder nicht? Einen Rüden oder eine Hündin?

Viele dieser Entscheidungen sind Sache des gesunden Menschenverstands: ist genügend Raum da, kann man einen großen Hund halten. Leider machen viele Menschen dabei auch Fehler, denn sonst müßten sich die Tierschutzvereine nicht immer wieder um ausgesetzte Hunde annehmen. Nicht genügend Überlegungen werden auch über das Verhalten des jungen Hundes angestellt.

Das Temperament des Hundes ist entscheidend und hängt von vielen Faktoren ab. Dazu gehört sicherlich die elterliche Abstammung, und daher sollte man das Temperament der Mutter und des Vaters beachten. Wie sich ein Hund zukünftig verhält, hängt sehr stark vom Alter zum Zeitpunkt des Kaufes ab. Weil die erste Phase der Sozialisierung für den Hund sehr prägend ist, kauft man ihn am besten im Alter von sieben oder acht Wochen. Auf jeden Fall aber sollte der Kauf im Alter von sechs bis dreizehn Wochen stattfinden. So kann der Hund sich schon frühzeitig an seinen neuen Besitzer gewöhnen, und auch die Sozialisierung mit anderen Hunden wird leichter sein. Jeder Hund, der länger als die ersten dreizehn Wochen nur unter Hunden lebte, wird nur noch schwer zu einem guten Haushund zu erziehen sein.

Ein jung gekaufter Hund gerät bei plötzlichem Wechsel der Umgebung nicht so leicht aus der Fassung. Für einen älteren Welpen kann der Wechsel von einem Zwinger in ein Haus zum Trauma werden, ein jüngerer dagegen interessiert sich sofort für die neue Umgebung.

Bei der Auswahl des Welpen muß man wissen, daß die »Persönlichkeit« der einzelnen Tiere sehr unterschiedlich ist, besonders wenn es sich um Rüde oder Hündin handelt. Ein Rüde will sich immer durchsetzen und braucht daher eine starke Hand; außerdem neigt er weit mehr zum Streunen. Eine Hündin dagegen hat den Nachteil, daß sie zweimal im Jahr läufig wird und in dieser Zeit besonderer Aufmerksamkeit und Zuwendung bedarf; außerdem ist die Gefahr unerwünschter Welpen groß.

Abgesehen von diesen geschlechtsspezifischen Unterschieden, zeigt sich, daß einige Welpen streitlustiger und kontaktfreudiger sind als andere. Die ruhigeren oder ängstlichen scheuen den Kontakt mit dem Menschen.

In einem Wurf kann es den »besten« Hund nicht geben, denn bei der Verschiedenheit der Menschen wird sich ein Hund immer mehr oder weniger für sie eignen. Ein draufgängerischer, selbstbewußter Hund paßt z. B. nicht gut zu einem ruhigen, älteren Menschen, der allein lebt, ebensowenig wie eine ruhige Hündin zu einem lebhaften Menschen mit starker Persönlichkeit.

Daher sollte man am besten den Charakter eines jungen Hundes und auch sein Dominanzbedürfnis abschätzen und überlegen, ob er mit seinem zukünftigen Besitzer harmonieren kann. Sicher ist man vor einem Fehlurteil nicht immer gefeit, doch macht es sich in jedem Fall bezahlt, die Welpen, die für einen Kauf in Frage kommen, genau zu beobachten und sie auf verschiedene Eigenschaften hin zu überprüfen, wie Ängstlichkeit, Freundlichkeit, Aufmerksamkeit, Lebhaftigkeit und Durchsetzungswillen.

Die Wahl eines jungen Hundes ist von entscheidender Bedeutung. Der zukünftige Hundehalter sollte nicht übereilt handeln, denn der Hund wird auf lange Zeit hinaus ein Mitglied der Familie sein. Der Hund muß gesund sein und nach Größe, Rasse und Temperament zu seinem neuen Heim und Besitzer passen.

Die fürsorgliche Behandlung

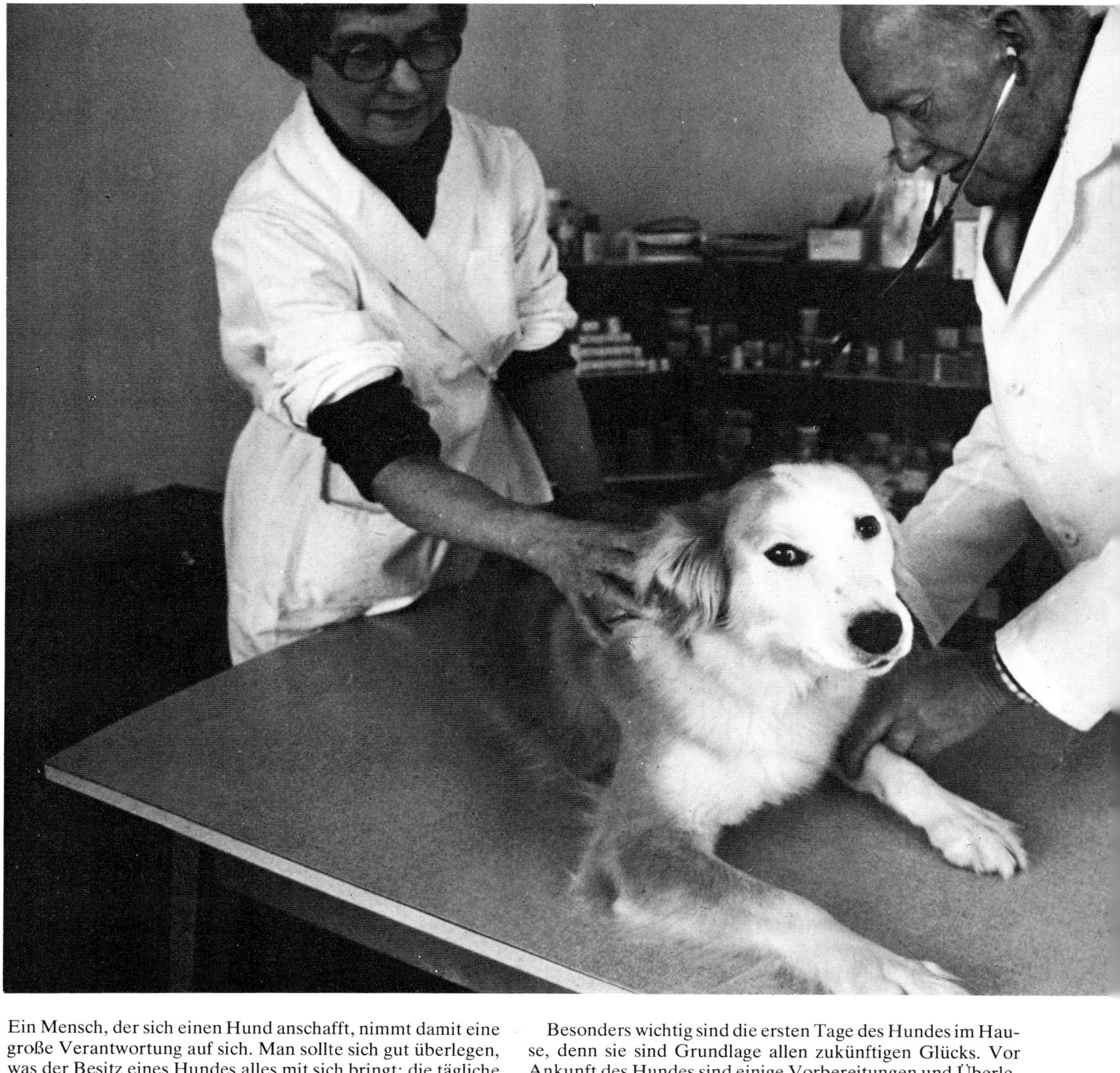

Ein Mensch, der sich einen Hund anschafft, nimmt damit eine große Verantwortung auf sich. Man sollte sich gut überlegen, was der Besitz eines Hundes alles mit sich bringt: die tägliche Pflege, die Kosten, die Unterbringung im Urlaub usw. Im Gegensatz zu anderen Anschaffungen, die leicht wieder verkauft werden können, bleibt ein Hund mindestens zehn Jahre Bestandteil der Familie. Doch entschädigt er sie während dieser Zeit mit Liebe und Anhänglichkeit als Dank für alle Fürsorge.

Besonders wichtig sind die ersten Tage des Hundes im Hause, denn sie sind Grundlage allen zukünftigen Glücks. Vor Ankunft des Hundes sind einige Vorbereitungen und Überlegungen zu treffen. Jeder Welpe ist nach der Trennung von seiner Mutter und der gewohnten Umgebung wahrscheinlich sehr ängstlich. Man sollte ihm daher eine dunkle Kiste oder ein Körbchen geben, wo er sich verkriechen kann, sowie ein Spielzeug, und wenn er verschüchtert ist, geduldig sein.

Unten: Manchmal ist ein Besuch beim Tierarzt nötig, den man hier bei einer Routineuntersuchung sieht. Wie ein Mensch braucht auch der kranke Hund Ruhe, Fürsorge und Rücksichtnahme.

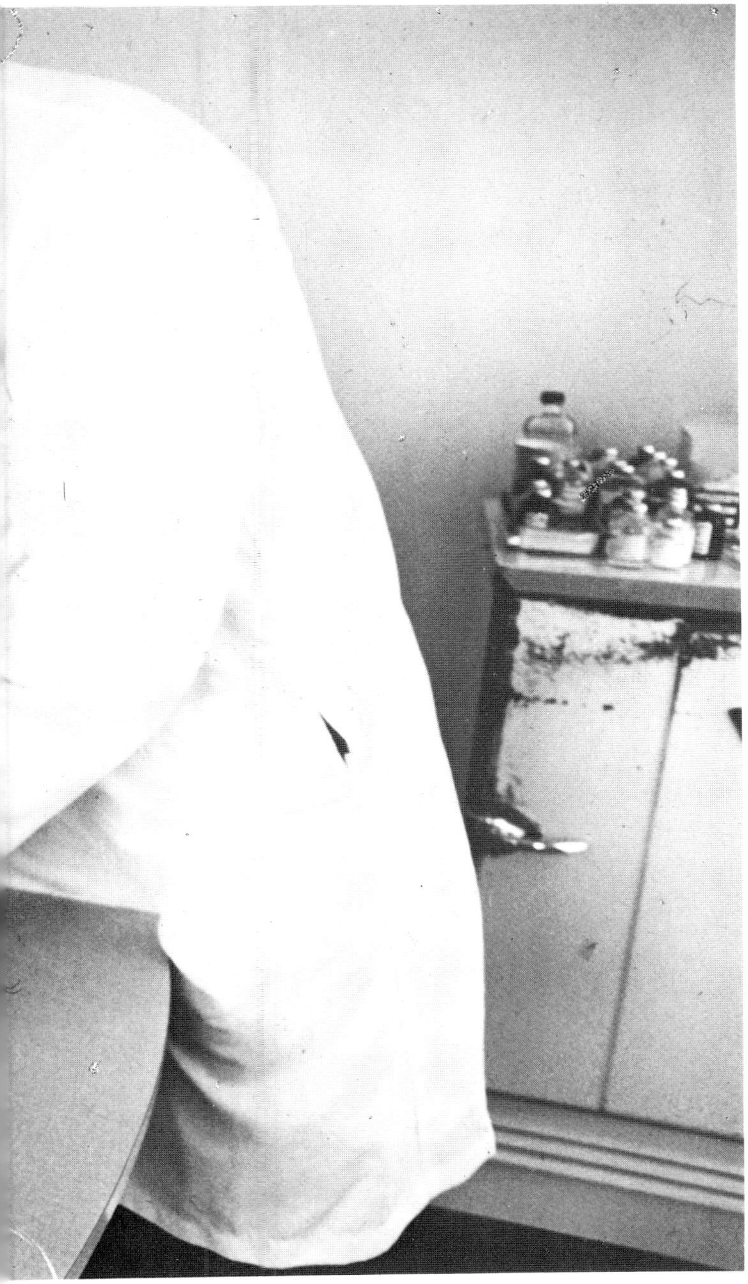

Halsbänder und Leinen

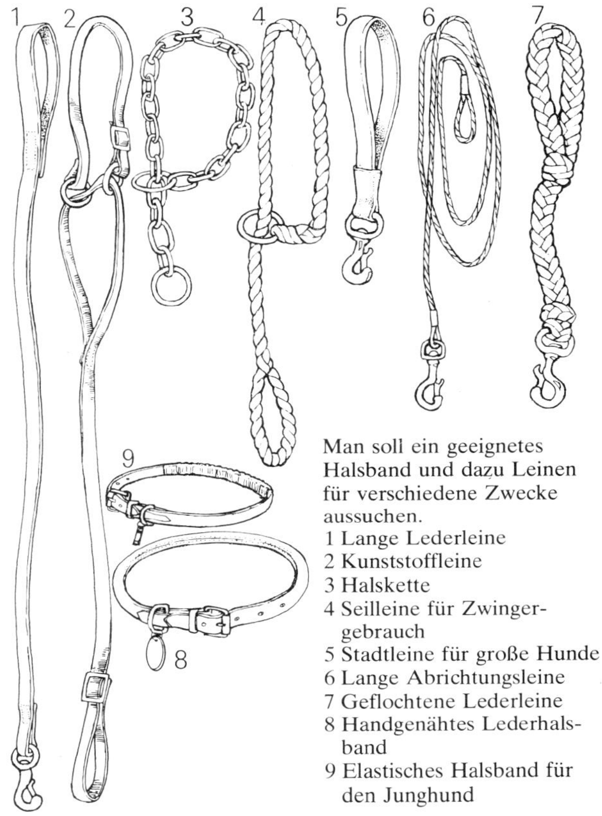

Man soll ein geeignetes Halsband und dazu Leinen für verschiedene Zwecke aussuchen.
1 Lange Lederleine
2 Kunststoffleine
3 Halskette
4 Seilleine für Zwingergebrauch
5 Stadtleine für große Hunde
6 Lange Abrichtungsleine
7 Geflochtene Lederleine
8 Handgenähtes Lederhalsband
9 Elastisches Halsband für den Junghund

Den Hund in der Weihnachtszeit ins Haus zu nehmen, ist ein Fehler, weil in dieser Zeit mehr Wirbel als sonst herrscht und man sich weniger um das Tier kümmern kann. Außerdem ist die Gefahr zu groß, daß der geschenkte Hund mehr als Spielzeug denn als lebendiges Tier angesehen wird, für das man viele Jahre zu sorgen hat.

Wenn der Welpe ins Haus kommt, sind bald die ersten Impfungen nötig. Spätestens mit zwölf Wochen muß er – sofern dies beim Züchter noch nicht geschehen ist – gegen vier Seuchen geimpft werden: Staupe, Hepatitis, Stuttgarter Hundeseuche und Tollwut. Die notwendige Entwurmung fällt ebenfalls in diese Zeit. Mehr als erwachsene neigen junge Hunde zum Wurmbefall, doch auch ältere Hunde, ganz besonders trächtige Hündinnen, sollten einer Wurmkur unterzogen werden.

In den meisten Ländern – abgesehen von Großbritannien, wo die Seuche nicht endemisch ist – werden den Hunden jährlich Tollwutimpfungen gegeben. Oft sind sie gesetzliche Bestimmung. Die Seuche kann durch einen angesteckten Hund auf den Menschen übertragen werden; erfolgt keine schnelle Behandlung, ist sie sogar tödlich. Ein allgemeines Vorurteil ist, daß ein tollwütiger Hund immer tobsüchtig herumrast und Schaum vor dem Maul hat, die Seuche verläuft aber meist verdeckter.

Hunde können noch von vielen anderen Seuchen befallen werden. Zeigen sich irgendwelche Anzeichen einer Krankheit, sollte man sofort einen Tierarzt aufsuchen. Jede Verzögerung führt womöglich zu einer Verschlechterung des Zustandes, und man muß damit rechnen, daß sich die Krankheit länger hinauszieht und die Kosten für die ärztliche Behandlung sich erhöhen.

Jeder Hund freut sich, wenn er spielen darf und regelmäßig bewegt wird, denn nur so kann er gesund bleiben.

Bewegung und Pflege

Anders als Katzen, die selbst für ihre Bewegung sorgen, müssen sich Hundehalter in den meisten Fällen um den Auslauf ihrer Hunde kümmern. Hunde sind von Natur aus sehr ausdauernd und können lange Entfernungen bewältigen. Insgesamt neigen sie zu Fettleibigkeit. Katzen dagegen sind für kurze schnelle Spurts geschaffen und in der Lage, ihr Körpergewicht sehr gut zu regulieren. Bei Hunden kann ein Mangel an Bewegung genauso wie beim Menschen zu Herz- und Arterienerkrankungen führen.

Hunde haben genügend Auslauf, ohne ihre Besitzer zu strapazieren, wenn ein großer Garten vorhanden ist, in dem sie herumtollen können. Da sie sich von alleine nicht ausreichend bewegen, ist es immer gut, wenn noch ein zweiter Hund da ist, mit dem sie beim Spielen ausgiebig herumlaufen.

Für die meisten Hunde ist allerdings der Spaziergang mit ihrem Herrn die einzige Möglichkeit zur Bewegung. Die notwendige Dauer des Spaziergangs hängt von der Rasse und Größe des Hundes ab. Der Spaziergang ohne Leine strengt den Begleiter nicht so an, weil der Hund, der alleine herumläuft, etwa den dreifachen Weg hinter sich bringt wie der Mensch. Welche Wegstrecke ein Hund am Tag zurücklegen muß, läßt sich schwer sagen. Selbst die kleinsten Zwerghundrassen brauchen am Tag zirka einen Kilometer Auslauf, für die größten Rassen sind mehrere Kilometer das ideale Maß. Ein alter Hund braucht nicht mehr soviel, doch sollte er regelmäßig bewegt werden.

Außer für Bewegung und Futter ist regelmäßig für die Pflege des Felles Sorge zu tragen. Bei kurzhaarigen Hunden ist die tägliche Pflege nicht nötig, doch gelegentliches Bürsten bringt das Fell besser zur Wirkung. Bei langhaarigen Rassen ist sie ratsam. Sie sollte als tägliches Programm beginnen, wenn der Hund noch im Welpenalter ist.

Tägliches Bürsten und Kämmen verleiht dem Fell Glanz und beseitigt überschüssiges Haar, das dann nicht an Möbeln und Teppichen hängenbleibt. Länge und Beschaffenheit des Felles bestimmen, welche Kämme und Bürsten zu verwenden sind. Bei der Pflege des Felles sollte man auch ein Auge auf Parasiten, wie Flöhe und Läuse, werfen, damit man unter Umständen sofort etwas gegen sie unternehmen kann.

Hunde sollten auch gelegentlich gebadet werden, jedoch nicht zu oft, und Welpen erst nach einem halben Jahr.

Hundekrallen, die Teil der Haut sind, wachsen ebenso wie das Haar und müssen daher regelmäßig behandelt werden. Da sich in den Krallen Blutgefäße befinden, sollte man das Beschneiden einem Fachmann überlassen.

Mitte: Der tägliche Ausgang ist für die Bewegung des Hundes sehr wichtig.

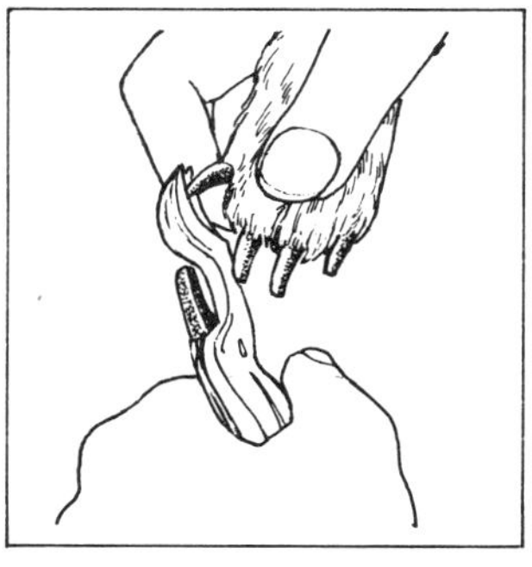

Lange Nägel müssen regelmäßig geschnitten werden.

Langes Haar muß täglich gepflegt werden.

Alle Hunde müssen gepflegt werden, damit das Fell immer in gutem Zustand ist. Pudel z. B. müssen etwa alle 6–8 Wochen geschoren werden. Dazu können Scheren oder elektrische Schneidegeräte verwendet werden.

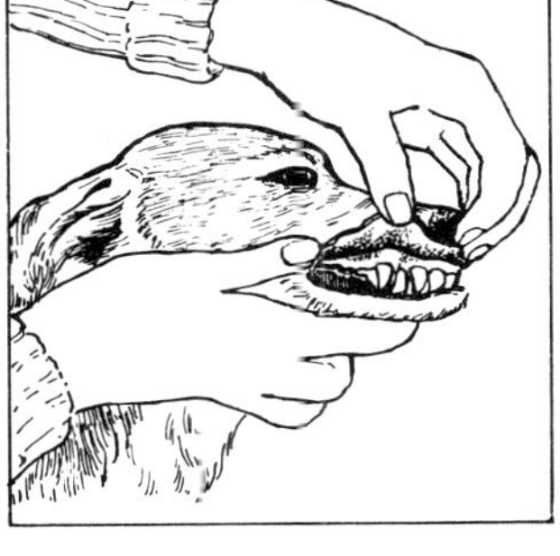

Bei Zahnsteinbildung helfen Kauknochen.

Ohren müssen regelmäßig untersucht und ausgeputzt werden.

Beim Hundebad darf keine Seife in Augen und Ohren kommen.

Nachdem der Hund sich geschüttelt hat, trocknet man ihn ab.

Die Unterbringung

Die meisten Hunde werden häufig im Auto mitgenommen, z. B. für einen Besuch beim Tierarzt. Leider ist fast jede Behandlung beim Tierarzt für den Hund unerfreulich, daher wird jeder weitere Besuch zu einem kleinen Drama. Nach der ersten Autofahrt zum Tierarzt wird er sich vor jeder Autofahrt fürchten, da er Auto und Tierarzt assoziiert. Daher wäre es gut, den kleinen Hund mit dem Auto zuerst an einen Ort zu bringen, der ihm behagt – etwa einen Park.

Einige Hunde mögen Autofahrten aus anderen Gründen nicht. Wie manche Menschen werden auch Hunde »seekrank« bzw. reisekrank, d. h. die Autofahrt wirkt sich ungünstig auf die Gleichgewichtsorgane aus. Es gibt aber auch Hunde, die das Autofahren genießen. Sie betrachten das Auto als erweitertes heimisches Revier und bellen jeden Fremden an, der sich ihnen nähert, wenn sie allein im Wagen sind.

Es tut dem Hund nicht gut, während der Fahrt den Kopf aus dem Fenster zu stecken. Nicht nur, daß er sich an etwas stoßen könnte, der Fahrtwind trocknet die Augen aus und führt zu einer Reizung. Auch sollte man einen parkenden Wagen, in dem der Hund zurückgelassen wird, immer im Schatten abstellen und das Fenster einen Spalt offenlassen, damit Luft hereinkommt.

Hunde sind außerordentlich anhängliche Tiere und äußerst unglücklich, wenn die Menschen, zu denen sie gehören, auch nur für kurze Zeit abwesend sind. Wer sich also einen Hund zulegen will, sollte sich vorher überlegen, ob er viel unterwegs

Rechts: Bleibt ein Hund allein im Auto zurück, muß für Luftzufuhr, Schatten und Wasser gesorgt werden. **Oben:** In einer Hundepension hilft dem Hund ein Spielzeug.

ist. Hunde, die allein gelassen werden, können aus reiner Langeweile oft zerstörerischen Gelüsten freien Lauf lassen.

Wenn der Besitzer einige Tage oder Wochen nicht zu Hause sein kann, muß er sich nach einer Hundepension umsehen. Dort ist sein Hund wenigstens nicht einsam. Die Veränderung der Umgebung, der ungewohnte menschliche Kontakt und die Abwesenheit der vertrauten Menschen wirken sich auf den Hund negativ aus. Die meisten Hunde werden mit einem zwei- bis dreiwöchigen Aufenthalt in einer Hundepension sehr gut fertig. Trotzdem sollte man ihnen einen Gegenstand zurücklassen, mit dem sie vertraut sind – etwa ein Spielzeug –, und auch für ihr gewohntes Futter sorgen, obwohl sie dort weniger als sonst fressen.

Tierheime sind nicht nur da, Hunde während des Urlaubs aufzunehmen, sie sind auch Asyl für streunende Hunde und andere unerwünschte Tiere. Viele Menschen ziehen es vor, einen Hund aus dem Tierheim aufzunehmen, anstatt einen zu kaufen. Diese unglücklichen Tiere brauchen sicher ein Heim, sind aber oft schwierig; ihre Charaktere sind bereits geformt. Weil sie älter sind, sind sie weniger anpassungsfähig und schwer zu erziehen. Doch mit Liebe und Geduld können sie genauso gute Hausgenossen werden wie alle anderen. Die Einführung in das neue Heim und die notwendige Grunderziehung sollte dieselbe sein wie bei einem jüngeren Hund. Allerdings dauert bei einem Heimhund die Anpassung an die Familie länger.

Der Alterungsprozeß

Es wird immer wieder behauptet, daß ein Jahr im Leben eines Menschen etwa sieben Hundejahren entspricht. In gewisser Hinsicht ist dies sicher richtig, da die durchschnittliche Lebenszeit eines Hundes etwa zehn Jahre beträgt und die eines Menschen siebzig. Andererseits ist dieser Vergleich irreführend, da einige Hunde 15 oder sogar 20 Jahre alt werden, andere Rassen dagegen, wie die Deutsche Dogge und der Irische Wolfshund, nur etwa sechs oder sieben Jahre. Niemand weiß mit Sicherheit, weshalb Hunde schneller altern als Menschen und wieso die verschiedenen Altersgebrechen bei ihnen soviel früher einsetzen als bei Menschen.

Die häufigsten Todesursachen bei Hunden sind andere als bei Menschen. Hunde fallen Straßenunfällen öfter zum Opfer. Sie lernen nämlich nie so gut wie der Mensch, wie sie sich im Verkehr verhalten sollen, sind leichter abzulenken und laufen plötzlich in die Gefahr hinein.

Wenn Hunde älter werden, lassen ihre Lebenskräfte nach, und sie bewegen sich weniger. Da sich außerdem ihr Stoffwechsel verlangsamt, brauchen sie weniger Futter. Die Futterrationen müssen reduziert werden, vor allem dann, wenn der Hund Anzeichen zeigt, dicker zu werden. Der Proteinbedarf senkt sich, und bei eventuellen Nierenbeschwerden ist die Proteinmenge besonders niedrig zu halten.

Bestimmte Alterskrankheiten treten sowohl beim Menschen wie beim Hund auf. Beide können Krebs bekommen, unter Herzbeschwerden und Kreislaufschwierigkeiten leiden oder sind anderen altersbedingten Krankheiten ausgesetzt, wie vor allem Augen- und Gelenkbeschwerden. Letztere sind besonders schlimm und ein trauriger Anblick, weil sie zur Gehbehinderung des Hundes führen. Einige Gelenkkrankheiten, vornehmlich die Kniescheibenluxation und die Hüftgelenksdysplasie, sind typisch für bestimmte Rassen. Diese altersbedingten Gebrechen scheinen ebenso wie einige Augenkrankheiten und epileptische Anfälle größtenteils erbbedingt zu sein.

Natürlich ist es unmöglich, den Alterungsprozeß aufzuhalten, doch man kann sehr viel tun, ihn zu erleichtern. Die Beibehaltung fester Gewohnheiten ist dabei sehr maßgeblich. Durch plötzliche Veränderung der Lebensumstände nämlich, wie ein Hauswechsel oder der neue Kontakt mit sehr lebhaften Kindern, können im Alter einige Verhaltensschwierigkeiten ausgelöst werden.

Die schwersten Dinge, mit denen man fertig werden muß, ist die Entscheidung darüber, wann man einen Hund einschläfern lassen soll und die darauffolgende Zeit der Trauer. Besonders schmerzvoll erleben Kinder den Tod des Hundes, doch vielleicht hilft ihnen diese Erfahrung später einmal, leichter über den Tod eines Verwandten hinwegzukommen. Wird der geliebte Hund bald durch einen kleinen Welpen ersetzt, überwinden Kinder schneller den Verlust und lernen zudem, daß das Leben immer weitergeht. Die Liebe zu dem älteren Hund wird schnell auf den jüngeren übertragen, und dies gilt nicht nur für Kinder, sondern auch für Erwachsene. Wesentlich schwerer ist der Verlust zu ertragen, wenn der geliebte Hund erst nach einer längeren Zeit durch einen anderen ersetzt wird.

Wenn Hunde und Menschen altern, gehen ähnliche körperliche Veränderungen bei ihnen vor: die Energie läßt nach, das Gehör wird schlechter und vieles andere mehr. Der junge Hund wirkt robust und munter, das Fell ist dicht und glänzend, die Nase dunkel pigmentiert.

In den mittleren Jahren sind die ersten Anzeichen eines Alterungsprozesses zu bemerken. Der Hund ist nun nicht mehr so lebhaft und neigt zum Dickerwerden. Bei den dunklen Rassen zeigen sich die ersten weißen Haare.

Die Haut des älteren Hundes wird schlaffer. Im Gesicht werden die Haare weiß, und die Nase wird heller (rosa), da der alternde Hund das Melanin – den Farbstoff in Haut oder Haaren – nicht mehr synthetisiert. Zudem verstärkt sich die Tendenz zur Gewichtszunahme.

Der Allesfresser

Die »Eßgewohnheiten« von Hunden sind so verschiedenartig wie die von Menschen. Einige Hunde fressen so ungefähr alles, was sie ergattern können, darunter Bücher, Spielzeuge und andere ungenießbare Gegenstände. Andere wiederum sind außerordentlich wählerisch und bereiten ihren Besitzern die größten Schwierigkeiten, herauszufinden, was ihnen behagt. Und es gibt Hunde, die sehr merkwürdige Vorlieben für so ausgefallene Nahrungsmittel wie Bananen, Salat oder Kartoffeln haben, im übrigen aber ganz normal fressen.

Verglichen mit ihren wild lebenden Verwandten, haben die domestizierten Hunde es sehr leicht, zu ihrem Futter zu kommen. Die wild lebenden Mitglieder der Hundefamilie ernähren sich als Fleischfresser in erster Linie von Säugetieren, beginnend bei Mäusen bis zu großem Hochwild. In manchen Regionen und zu gewissen Zeiten des Jahres werden sie jedoch in viel stärkerem Maße zu Allesfressern. In den Vororten der englischen Städte zum Beispiel existiert der Rotfuchs zu gewissen Zeiten des Jahres allein von Regenwürmern. In Notzeiten können verschiedene wilde Canidenarten, wie etwa der Wolf, auf Pflanzennahrung übergehen, vor allem auf Beeren, um ihre Kost zu ergänzen. In schlechten Zeiten kann dies ihre Hauptnahrungsquelle werden.

Es wird behauptet, daß die meisten großen Karnivoren nur periodisch fressen und sich, wenn sie etwas fangen, vollfressen. Dies trifft jedoch nicht auf alle Mitglieder der Hundefamilie zu. Manche von ihnen – egal ob sie große oder kleine

Füchse tragen die Nahrungsreste zu einem Versteck.

Während er das Loch gräbt, behält er die Beute im Maul.

Mit der Nase schaufelt er das Loch sorgfältig wieder zu.

Tiere fressen – verteilen ihre Beute, nachdem sie sie getötet haben, über den ganzen Tag.

Dies deutet darauf hin, daß die Ansicht, Hunde sollen nur einmal am Tag gefüttert werden oder sogar einmal in der Woche einen Fasttag einlegen, nicht unbedingt richtig ist. Sie können sicherlich mit solch einer Art der Ernährung gut fertig werden. Fasten aber kann den Hund ziemlich durcheinanderbringen und sogar zu Verhaltensstörungen führen, weil er auf das Fressen wartet, das er dann nicht bekommt. Hunde, die ständig Zugang zu ihrer täglichen Futterration haben, fressen zwischen 8- und 25mal am Tag, je nach Konstitution. Bei dieser Art Ernährung werden viele Hunde nur das fressen, was sie brauchen, andere zuviel und fett werden.

Fressen Hunde nicht alles auf einmal, verstecken sie oft das Übriggebliebene dort, wo sie es leicht wiederfinden. Das tun sowohl wilde als auch domestizierte Hunde; bekanntestes Beispiel ist das Verscharren des Knochens. Anders als Katzen fressen Hunde auch Fleisch, das kurz vor dem Verfaulen ist.

Obwohl der Hund in erster Linie Fleischfresser ist, sollte er genaugenommen als Allesfresser bezeichnet werden, denn er kann auch Pflanzennahrung zu sich nehmen, was er sehr oft tut. Gerade diese Fähigkeit, alles zu fressen, macht ja den »Speisezettel« eines Hundes so vielseitig. Es erklärt auch, weshalb die meisten Hunde mit ihrem Fressen nicht so wählerisch sind wie Katzen, die echte Fleischfresser sind und sich nur von Fleisch ernähren.

Wie der Fuchs und andere Spezies der wild lebenden Hunde neigt auch der domestizierte Hund dazu, sein überflüssiges Futter zu vergraben. Er kehrt dann zu seinem Versteck zurück und kaut an den alten Knochen.

Die Überfütterung

Fettleibigkeit durch Überfütterung ist bei Hunden ein sehr verbreitetes Übel, und es wird geschätzt, daß etwa 20 bis 30 Prozent der Haushunde an Übergewicht leiden. Die Tendenz zur Fettleibigkeit ist je nach Rasse sehr unterschiedlich. Einige Rassen, wie der Labrador und Cocker Spaniel, neigen mehr dazu als andere, z. B. der Irische Setter und die meisten Terrier.

Viele Faktoren sind bestimmend für das Übergewicht eines Hundes, doch die einfachste Lösung, Fettleibigkeit zu vermeiden, ist, den Hund weniger zu füttern und aufzupassen, daß er nicht anderswo etwas zu fressen bekommt. Manchmal ist eine starke Gewichtszunahme jedoch auch krankheitsbedingt, und wenn es dafür einen Verdacht gibt, sollte man einen Tierarzt aufsuchen, bevor man mit einem Futterreduzierungsprogramm beginnt.

Interessant ist die Frage, weshalb ein Hund zum Dickwerden neigt. Sicherlich wird er immer mehr fressen als gewöhnlich, wenn man ihm ein besonders schmackhaftes Mahl vorsetzt. Auf die Dauer reagieren die meisten Hunde jedoch nicht mehr darauf und regulieren ihre Nahrungsaufnahme.

Ein anderer Faktor, der damit in Zusammenhang gebracht wird, ist die »soziale« Seite der Nahrungsaufnahme. Untersuchungen haben ergeben, daß Welpen in einer Gruppe mehr Nahrung zu sich nehmen als allein. Aber auch erwachsene Hunde fressen in Gegenwart eines vertrauten Menschen viel mehr als sonst.

Den Hund vom Tisch aus mit Leckerbissen zu füttern, ermuntert ihn, mehr als nötig zu fressen, macht ihn fett und führt zu lästigem Betteln.

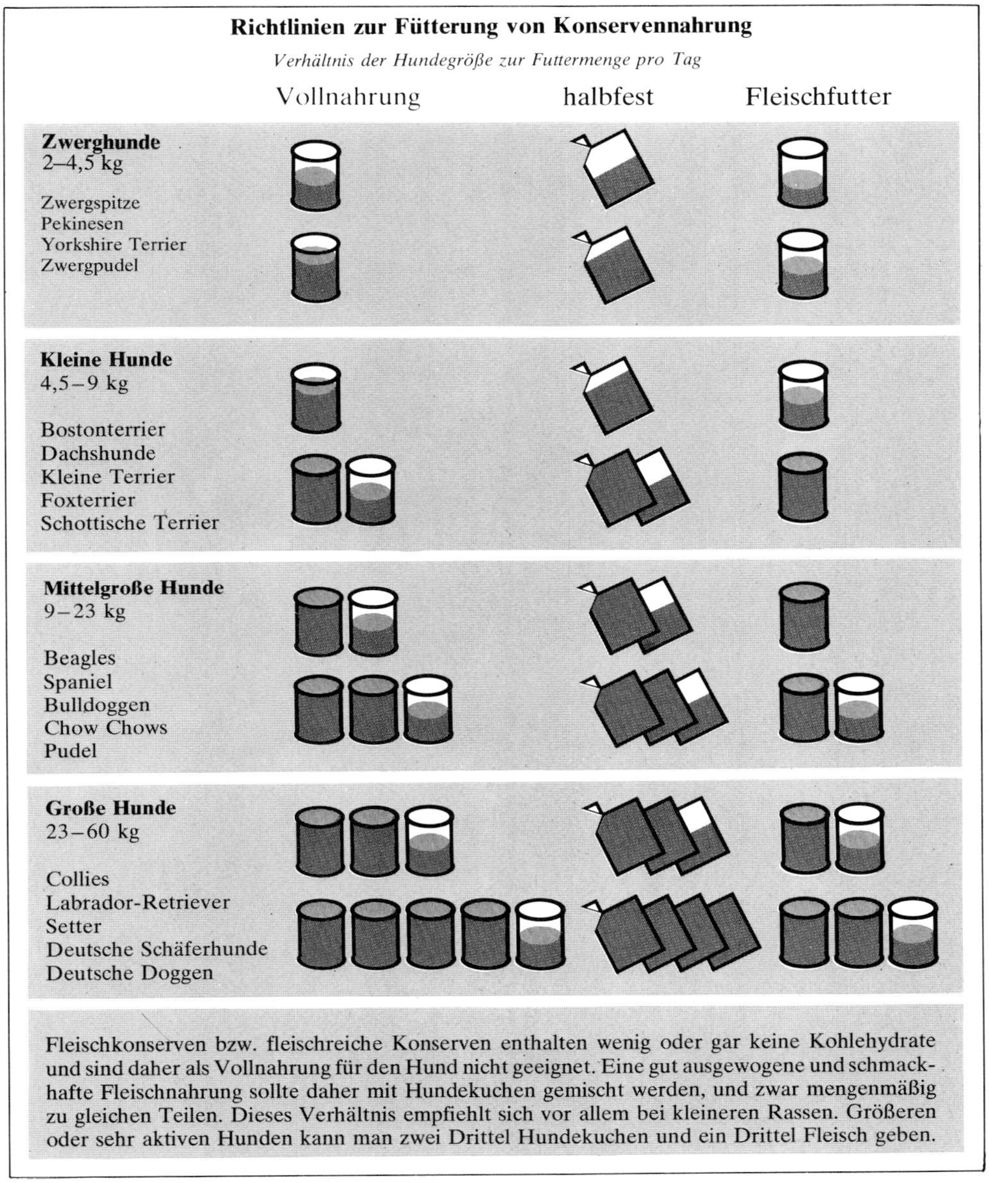

In den meisten Fällen jedoch ist die Fettleibigkeit des Hundes von der eigenen Gewichtsregulierung abhängig – und nicht von äußeren Faktoren. Wenn nämlich nur die genannten Faktoren die Ursache wären, würden alle Hunde zum Dickwerden neigen. Insgesamt haben die Rassen, die mit ihrem Futter heikler sind – meist sind es die kleineren –, weniger Gewichtsprobleme als die größeren, die weniger wählerisch sind. Außerdem weiß man, daß Sterilisierung und Kastration bei Hündinnen und Rüden die Bereitschaft zur Fettleibigkeit erhöhen. Die hormonellen Veränderungen, die aus diesen Eingriffen resultieren, beeinflussen offenbar den Mechanismus, der das Gewicht reguliert.

Alter, Bewegung und Jahreszeit spielen eine wesentliche Rolle. Ältere Hunde brauchen weniger Futter als heranwachsende oder sehr aktive jüngere Hunde. Außerdem regt kaltes Wetter den Appetit mehr an.

Eine gute Methode der Gewichtsverringerung ist die Reduzierung der Kalorien bei gleichbleibender Futtermenge. Eine ausgewogene Diät dieser Art kann man sich von jedem Tierarzt zusammenstellen lassen. Über lange Zeit läßt sich ein Hund allerdings dadurch nicht täuschen, denn wie bei Menschen wird auch bei Hunden die Nahrungsaufnahme durch Kalorien reguliert und nicht durch die Menge. Eine ganze Reihe verschiedener Futterarten sind für die Diät geeignet, von vollkommen trockenem und halbfeuchtem Futter bis zu Büchsenfleisch und frischem Futter.

Die Ernährung

Das Verhältnis Alter/Gewicht

Die Abbildung zeigt, in welchem Alter gewisse Rassen ihr optimales Gewicht erreichen.

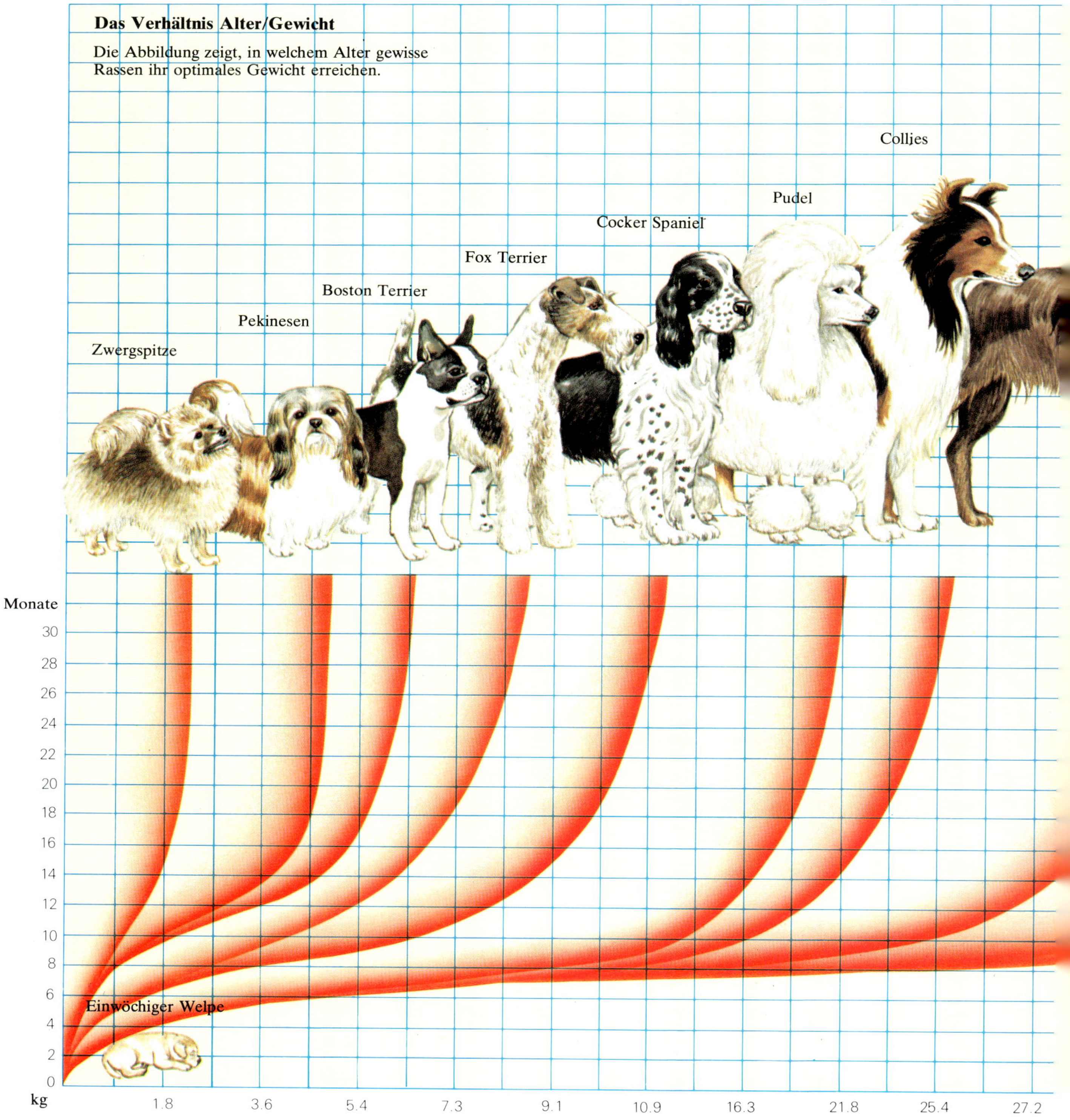

Wie bekannt, fressen Hunde so ziemlich alles, manchmal sogar äußerst merkwürdiges Futter, nämlich Gras. Wahrscheinlich aber ist der Nährwert des Grases für den Hund sehr gering, da sein Verdauungssystem nicht darauf eingerichtet ist. Auch frißt er es nicht, um zu Vitaminen zu kommen, denn er braucht – anders als der Mensch – kein Vitamin C, da er es in seinem eigenen Körper produziert. Hunde fressen vor allem deshalb Gras, weil es ihnen als emetisches Mittel dient, als Reizmittel zum Erbrechen. Das ist vor allem dann besonders nützlich, wenn sich im Magen unverdauliche Haare oder Knochen befinden.

Da der Hund kein reiner Fleischfresser ist, braucht er weniger Proteine als Katzen. Wie bei allen anderen Tieren kommt es auf die Mischung von Kohlehydraten, Fetten und Proteinen an. Alle zusammen liefern Energie, das Protein unterstützt außerdem den Aufbau des Körpers. Zusätzlich benötigt er noch wichtige Mineralien, wie Calcium für die Knochen und Salz für die Körpersäfte. Andere Mineralien und Vitamine sind für andere Funktionen im Körper bestimmt, Eisen etwa für die roten Blutkörperchen.

Wild lebende Hunde nehmen diese Substanzen mit ihrer natürlichen, abwechslungsreichen Kost auf. Haushunde können diese auf verschiedene Weise zugeführt werden. Am bequemsten ist natürlich das dafür eigens produzierte Hundefutter, das von den Herstellern so zubereitet ist, daß die wichtigsten Nährstoffe im richtigen Verhältnis zueinander stehen. Gekochtes Fleisch oder Fleischabfall mit Hundekuchen sind auch nicht falsch, doch besteht die Gefahr, daß darin zu wenig Calcium enthalten ist. Mageres Fleisch enthält fast gar kein Calcium. Wird Fertigfutter gegeben – sei es trocken, halbfest oder in Dosen –, sollte auf jeden Fall die Gebrauchsanweisung befolgt werden.

Muß ein Hund überhaupt abwechslungsreiche Kost bekommen, oder genügt die Standardkost? Genügend Beispiele belegen, daß Hunde ein Leben lang auch bei gleichbleibender Kost gesund leben können, vorausgesetzt, sie enthält alle notwendigen Nährstoffe. Eine andere Frage ist jedoch, ob der Hund nicht ähnlich wie der Mensch hin und wieder eine abwechslungsreiche Nahrung liebt. Tatsächlich konnte man oft beobachten, daß ein Großteil der Hunde eine neue Variante dem alten Fressen vorzieht, vorausgesetzt, sie ist ebenso schmackhaft.

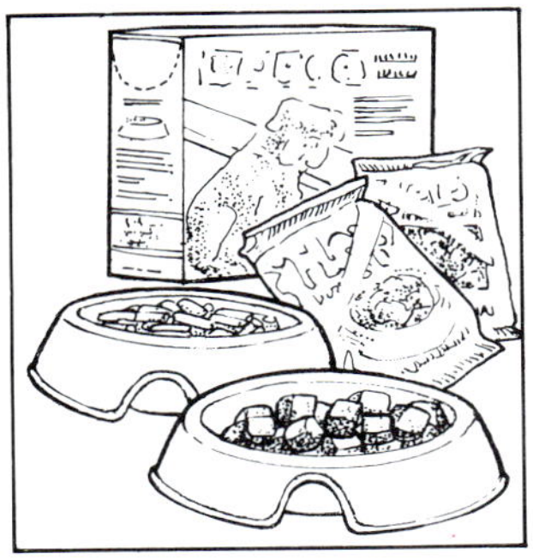

Trockenfutter und halbfestes Futter.

Konservenfutter mit allen Grundnahrungsmitteln.

Hunderassen und Wettbewerbe

Vom langgestreckten, niederläufigen Dachshund, eigens zum Graben gezüchtet, bis zum mächtigen, zottigen Rettungshund, dem Bernhardiner, hat jede Hunderasse ihre eigenen Merkmale, was den Canis familiaris zur vielfältigsten Art unter den Caniden macht. Eine Hundeausstellung, wie etwa Cruft's, bei der Hunde aller Größen und Arten vertreten sind, dokumentiert die große Verschiedenheit der einzelnen Rassen, was ihre Herkunft und ihr Verhalten betrifft.

Eine Cocker-Spaniel-Hündin mit zwei Jungen. Bei Rassehunden wie diesen kann man die zukünftige Größe und Erscheinung und zum Teil auch das Temperament voraussehen.

Die Entstehung der Rassen

Die gebräuchliche Einteilung der Rassen – Schäferhunde, Jagdhunde, Begleithunde, Windhunde – ergab sich schon sehr früh in der Entwicklung des domestizierten Hundes, schon einfach deshalb, weil die Hunde zu verschiedenen Zwecken gebraucht und eigens dafür gezüchtet wurden. Innerhalb dieser Einteilung lassen sich einige kleinere Gruppen von Hunderassen verfolgen, die von ihrem Ursprung her eng miteinander verwandt sind, und besondere Rassen, die eine sehr interessante Geschichte haben.

Die meisten unserer heutigen Rassen sind vor verhältnismäßig kurzer Zeit entstanden. Dies ist hauptsächlich auf den Ehrgeiz der Züchter zurückzuführen, Hunde mit besonders ausgeprägten Rassemerkmalen vorführen zu wollen, was ein relativ neues Phänomen ist. Früher waren Hunde gleicher Rasse in ihrem Erscheinungsbild nicht so einheitlich wie heute. Vor hundert Jahren etwa war der Deutsche Schäferhund keine deutlich erkennbare Rasse, statt dessen gab es ihn in den verschiedensten Größen und Farben.

Der Deutsche Schäferhund war schon Anfang des Jahrhunderts in Großbritannien bekannt, wurde dort aber nach dem Ersten Weltkrieg als »Elsässer« bezeichnet. Erst in jüngster Zeit wurde er offiziell wieder in »Deutscher Schäferhund« umbenannt, um eine Übereinstimmung zwischen Großbritannien und allen übrigen Ländern zu erzielen.

Unter den heute noch existierenden Rassen können der Saluki und der Greyhound am weitesten zurückverfolgt werden. Sehr ähnliche Rassen wurden vor mehreren tausend Jahren in der Kunst des Mittleren Ostens dargestellt. Der Australische Terrier dagegen ist eine moderne Züchtung. Er entstand durch Kreuzung verschiedener englischer Terrier, darunter dem Yorkshire, Cairn und Dandie Dinmont, mit dem Australischen Silky Terrier, einer noch nicht lange existierenden

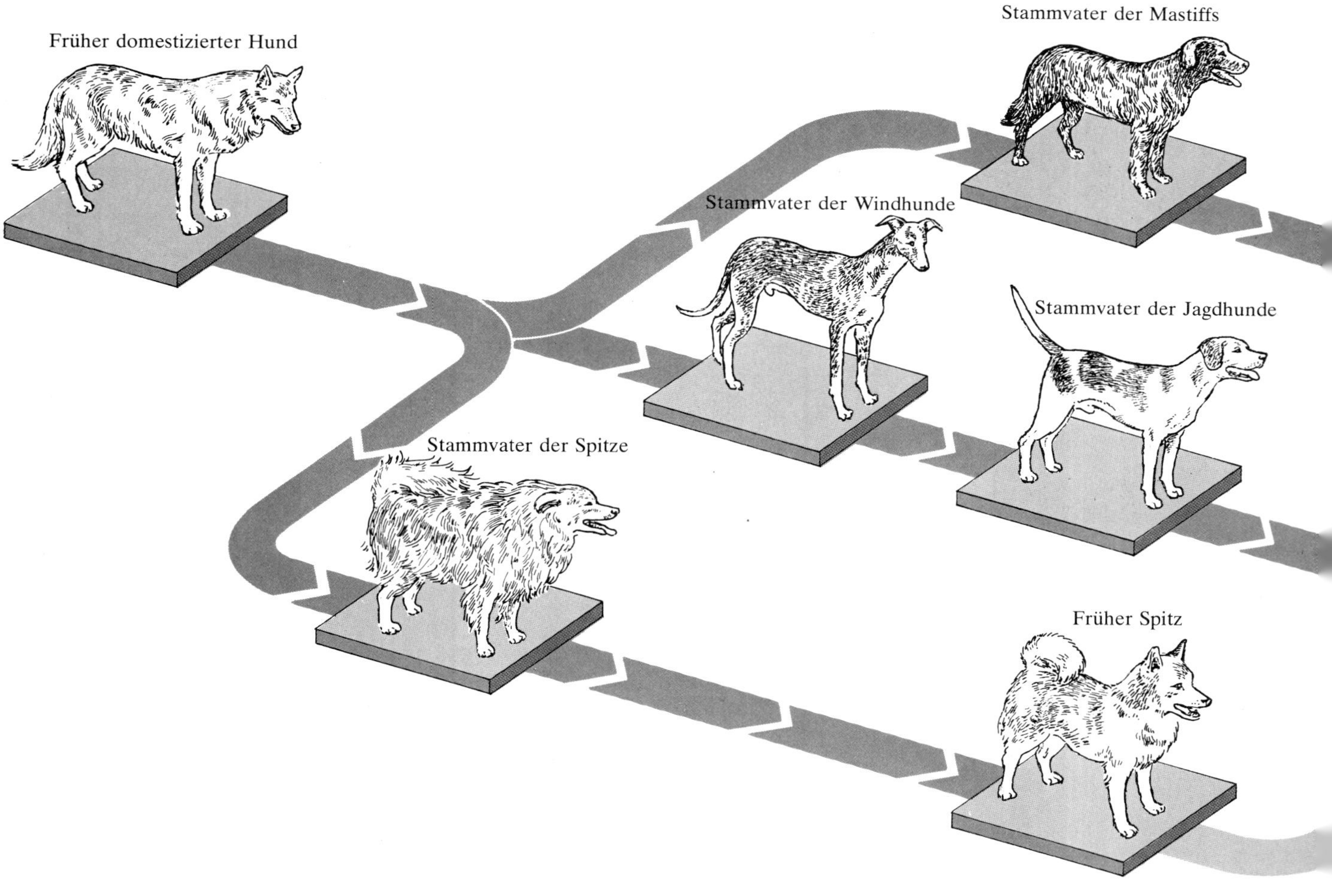

Rasse. Dieser Prozeß begann vor etwa 100 Jahren, doch haben sich die Charakteristika dieser Rasse erst vor ungefähr 25 Jahren endgültig herausgebildet.

In den USA wurde 1945 der Amerikanische Cocker Spaniel als eigene Rasse klassifiziert, um ihn vom Englischen Cocker Spaniel zu unterscheiden. Diese neue Rasse mit ihrem längeren, üppigeren Fell stammt vom Spaniel ab, der Ende des 19. Jhs. aus England eingeführt wurde. Der Spaniel selbst ist eine alte Rasse, sein Name wurde schon 1340 von Chaucer verwendet, und Fachleute nehmen an, daß es ihn bereits noch früher in Spanien gab. Zu dieser Zeit umfaßte der Begriff »Spaniel« allerdings Hunde, die sich äußerlich stark voneinander unterschieden. Erst in jüngerer Zeit entstanden die heutigen, reinrassigen Spanielarten – etwa zwölf an der Zahl.

Es ist oft versucht worden, Stammbäume aufzustellen, um einen Einblick in die Verwandtschaft der Rassen zu geben. Das ist jedoch ein ziemlich schwieriges Unterfangen, weil in der Vergangenheit häufig Hunde gekreuzt wurden, die in keiner Weise miteinander verwandt waren. Obwohl es von einigen Hunderassen genaue Abbildungen gibt, ist nicht ersichtlich, wie ihre Stammeltern vor einigen hundert Jahren ausgesehen haben mögen.

Schwierigkeiten macht es bei Hundeausstellungen, daß es keine internationale Übereinkunft darüber gibt, wie Hunde nach Rassen eingeteilt werden sollen. In den USA und Großbritannien werden Spitze bei Ausstellungen auf mindestens drei Gruppen verteilt. In Schweden jedoch, wo Spitze ganz besonders stark vertreten sind, werden sie als eine Gruppe betrachtet. Die Einteilung aller Ausstellungshunde erfolgt in den USA in sechs Gruppen, ebenfalls in Großbritannien und Australien, dort allerdings mit einer völlig anderen Klassifizierung.

Die Entwicklung einer Rasse

Die heutigen Hunderassen, jede mit ihren besonderen Merkmalen – Größe, Länge der Gliedmaßen, Felltyp, Temperament –, unterscheiden sich von den ursprünglichen Rassen, deren Aussehen wohl bedeutend weniger einheitlich war. Die gezielte Zucht durch Kreuzung, die durchgeführt wurde, um bestimmte Merkmale zu entwickeln, hat zu den heutigen zahlreichen Typen geführt. Die Abbildung unten veranschaulicht, wie komplex die Entwicklung einer einzigen Rasse ist, die des Staffordshire Bull Terrier.

Eine große Vielfalt

Das genetische Schema bei Reinzucht und Kreuzungszucht

Wird ein reinrassiger schwarzer Hund mit einem reinrassigen braunen gekreuzt, **oben links,** fällt die Nachkommenschaft im Verhältnis 3 : 1 zugunsten des schwarzen aus, da seine Farbe dominiert. Einige der schwarzen Nachkommen sind jedoch Träger von Genen für Braun, was sich in der nächsten Generation auswirken kann. Das Diagramm **oben rechts** zeigt die Reinzucht eines reinrassigen Hundes. **Mitte:** Diese Kreuzung führt zu einer Nachkommenschaft mit unbestimmtem Aussehen. In der nächsten Generation ergibt sich dann eine Vielzahl von Formen und Farben.

Die Unterschiede zwischen den vielen Hunderassen sind in genetischer Hinsicht sehr interessant, denn es gibt bei keiner anderen Tierart – wild oder domestiziert – eine so große Variationsbreite. Würden solche Variationen bei irgendeiner wilden Tierart auftauchen, müßte man daraus schließen, daß es sich um verschiedene Arten handelt oder daß sich neue Arten entwickelt haben. Die Tatsache jedoch, daß bei der Kreuzung der verschiedensten Hunderassen fruchtbare Nachkommen erzeugt werden, beweist, daß der Hund eine für sich bestehende Art ist.

Die große Vielfalt beim domestizierten Hund verblüfft, weil auch verschiedene Merkmale so stark variieren: Farbe und Art des Felles, Körpergröße, Länge der Gliedmaßen, Form der Rute und des Kopfes, Geruchssinn und Temperament. Diese Merkmale sind genetisch voneinander unabhängig. Werden zwei Rassen mit verschiedenen körperlichen Charakteristika – z. B. in der Länge der Gliedmaßen, der Länge des Felles und der Form des Kopfes – gekreuzt, wird die erste Generation eine Mischung aus beiden Eltern sein, mit etwa gleichen Erbanteilen. Wenn nun diese sich ähnlich sehenden Nachkommen miteinander gepaart werden, werden die Hunde der neuen Generation in ihrem Aussehen stark voneinander abweichen. Die einen werden kurze Beine mit großen Körpern, die anderen lange Beine mit kleinen Körpern und verschiedene Ober- und Unterkiefer haben. Sie haben dann nicht unbedingt Ähnlichkeit mit einem ihrer Großelternteile.

Die Erklärung dafür ist, daß aus irgendeinem Grund die Mechanismen, die in den meisten Arten die Variationen innerhalb der eigenen Art begrenzen, unwirksam geworden sind. Dies ist wahrscheinlich durch die jahrelange selektive Zucht verursacht worden. Es wird die Meinung vertreten, daß

Der Pekinese **links** ist ein gutes Beispiel für die selektive Zuchtwahl. Die Rasse wurde in China entwickelt und kam erst 1860 in den Westen. Der Pekinese war ein Symbol für die Löwen Buddhas, und in vielen Häusern gab es die Fo-Hunde aus Porzellan wie **oben.** Die beiden Schädel **unten links** zeigen, wie verschieden die Körperformen der einzelnen Rassen sein können. Links der Schädel eines Golden Retriever, rechts der eines Pekinesen.

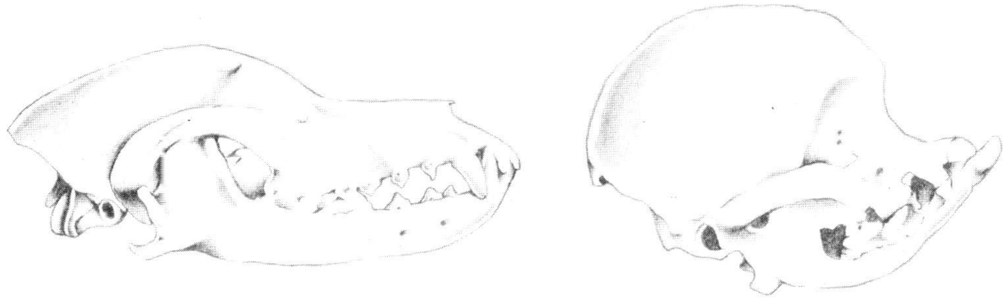

der Hund besondere Anlagen besitzen muß, damit dies geschehen konnte, da sich bei anderen Arten, wie etwa Kühen und Katzen, keine vergleichbare Variationsvielfalt ergeben hat. Allerdings ist die Zucht bei Kühen in erster Linie auf den Fleisch- und Milchertrag ausgerichtet und nicht auf Rassemerkmale. Und was die Katzen betrifft, so existierte schon immer eine halbwilde Population, die hinsichtlich der Paarung ihre eigenen Wege geht. Im Gegensatz dazu wird der Hund vom Menschen für die verschiedensten Zwecke gepaart, oft nur wegen des Aussehens. Daher wird er mehr als andere Arten der selektiven Zucht unterworfen.

Bei dieser Variationsbreite der Hundearten ist eine strenge Kontrolle bei der Zucht von reinrassigen Hunden angezeigt. Besonders deswegen, weil viele heutige Rassen noch so jung sind, daß ihre charakteristischen Merkmale noch nicht fest fixiert sind.

Verschiedene Rassen gehen auf Einzelhunde zurück, andere auf begrenzte Hauptblutlinien. In beiden Fällen kann es genetische Probleme geben; angeborene Fehler können sich von Generation zu Generation weitervererben. Manche Fachleute sind der Ansicht, daß Unfruchtbarkeit, Blindheit und Gelenkkrankheiten auf diese Weise weitergegeben worden sind. Diese Erbfehler lassen sich jedoch beheben, indem die kranken Hunde von der Zucht ausgeschlossen werden. Oft liegen allerdings Erbschäden vor, die physisch nicht erkennbar sind.

Es ist schwer zu sagen, ob die Spezies Hund noch weiter verändert werden kann. Theoretisch ist dies möglich, doch da heute für die anerkannten Rassen strenge Standards gelten, ist der Antrieb für die Entwicklung neuer Rassen gering. Außerdem sollte man nicht übermäßig in die Natur eingreifen, zumal die vorhandenen Rassen ausreichen.

Charakteristisches Verhalten

Oben: Huskies dienen von Natur aus nur einem Herrn. Andere Hunde bewachen ihr Revier, **Mitte,** oder apportieren, **oben rechts,** ohne dafür abgerichtet worden zu sein. Basenjis, **unten rechts,** die sich vermutlich in völliger Isolation entwickelt haben, sind ebenfalls einzigartig in ihrem Verhalten.

Die körperlichen Unterschiede zwischen den einzelnen Rassen treten deutlich in Erscheinung, doch die Unterschiede im Verhalten sind subtiler und daher schwer zu definieren. Der österreichische Zoologe Konrad Lorenz hat in seinen frühen Schriften über den domestizierten Hund deutlich zwischen zwei Typen unterschieden. Der erste umfaßt die nordischen Spitze, wie den Husky, Spitz, Chow Chow und Elchhund, und wird von Lorenz als »Lupus«-Typ bezeichnet (lupus = latein. Wolf). Diese Hunde sollen nach Lorenz viel mehr »Einmannhunde« sein als die Mitglieder anderer Rassen. Der Lupus-Typ ist in seiner Persönlichkeit stark und braucht deswegen einen Herrn mit starkem Charakter; er ist außergewöhnlich gehorsam, seinem Herrn sehr treu ergeben und erweist nur ihm seine Loyalität.

Der zweite Typ, von Lorenz »Aureus«-Typ genannt (aureus = wissenschaftl. Bezeichnung für Goldschakal), ist weniger unabhängig und willensstark und bereit, mehr als einem Herrn zu dienen. Zu dieser Gruppe gehören die meisten Haushunde. Obwohl heute die Abstammung des Hundes vom

Wolf oder Schakal bezweifelt wird, steht fest, daß es einen Unterschied gibt zwischen Rassen, die nur einem Menschen, und solchen, die mehreren dienen.

Der Basenji, eine aus Afrika stammende Rasse, zeigt besonders charakteristische Verhaltensweisen. Diese Hunde bellen sehr selten, ansonsten geben sie alle für Hunde typischen Laute von sich. Basenjis sind zwar bessere Kletterer als alle anderen Hunde, doch schlechtere als Katzen. Ungewöhnlich ist auch, daß Basenji-Hündinnen durchschnittlich nur einmal im Jahr läufig werden, also halb so oft wie andere. Hierin gleichen sie allen wilden Arten der Caniden. Die Besonderheiten dieser Hunde deuten darauf hin, daß sie sehr lange Zeit von anderen Rassen domestizierter Hunde getrennt gelebt haben.

Das charakteristische Verhalten vieler Rassen resultiert aus der besonderen Aufgabe, für die sie gezüchtet worden sind. Gewisse Typen des Schäferhundes, vor allem der Border Collie, neigen von sich aus, ohne daß sie dafür abgerichtet worden sind, dazu, sogar Menschen, nicht nur Tiere, zu umkreisen. Ähnlich verhält es sich mit dem Pointer (to point = engl. hinweisen), dem englischen Vorstehhund, der sehr schnell darauf trainiert werden kann, durch Vorstehen anzuzeigen. Auch die Neigung von Apportierhunden, zu apportieren, läßt sich rasch dazu ausbilden, einen Stock zu bringen und eine Zeitung bzw. einen Einkaufskorb zu tragen.

Jeder Hund ist aufgrund seiner Anlage, sein Revier abzugrenzen, als Wachhund geeignet. Besonders tüchtig sind darin Spitze, Dobermann und Mastiff, was mit der Geschichte ihrer Ahnen als Schutzhunde zusammenhängt.

Die angeblich aggressive Natur mancher Rassen ist schwierig zu beurteilen, weil es, wie besprochen, viele Arten von Aggressionen gibt. Von Natur aus sind Hunde Menschen gegenüber nicht aggressiv, doch greifen sie oft an, wenn sie herausgefordert werden. Die Reizschwelle zur Provokation variiert je nach Rasse. Der Bull Terrier z. B. hat den Ruf, aggressiv zu sein, was auf seine einstige Verwendung als Bullenbeißer zurückgeht. Greifen Hunde ohne Provokation an, müssen sie unter Umständen beseitigt werden.

Der reinrassige Hund

Die jeweiligen Tugenden reinrassiger und nicht reinrassiger Hunde sind oft Gegenstand endloser und lebhafter Diskussionen. Reinrassige Hunde sind in diesem Jahrhundert zweifellos beliebter geworden, und sicher ist es ein Vorteil, einen Hund zu besitzen, dessen Herkunft man kennt. In Großbritannien z. B. ist etwa die Hälfte aller gehaltenen Hunde reinrassig.

Zugunsten des nicht reinrassigen Hundes wird angeführt, daß er nicht so empfindlich ist wie ein reinrassiger Hund. Unterstellt wird nämlich, daß reinrassige Hunde wegen ihrer Inzucht merkwürdige Eigenheiten in ihrem Verhalten zeigen. Dies mag wohl auf manche seltenere Rassen zutreffen, nicht aber auf die verbreiteten, da diese ja einen sehr umfangreichen Zuchthundbestand aufweisen. Der Charakter reinrassiger Hunde läßt sich eher prognostizieren als der von Mischrassen, weil bei letzteren viel mehr Verhaltensmerkmale zusammentreffen.

Bastarde werden oft als »mangelhaft« weggegeben oder von Tierschutzvereinen als Streuner übernommen. Im ersteren Fall wird der Hund meist aus einer Kreuzung zweier reinrassiger Elternpaare verschiedener Rassen hervorgegangen sein, und im zweiten Fall wird er schon mehrere Generationen nicht reinrassiger Elternteile hinter sich haben.

Sicherlich ist der Aspekt, einen streunenden, gemischtrassigen Hund aufzunehmen und ihm ein schönes Zuhause zu geben, der beste Grund, solche Hunde zu erhalten. Zweifellos werden in jedem Jahr mehr Bastarde geboren, als Tierheime aufnehmen können, so daß sie darauf angewiesen sind, einen Herrn zu finden.

Während ein gemischtrassiger Hund entweder gar nichts oder nur wenig kostet, muß man für einen reinrassigen Welpen eine Stange Geld bezahlen – je nach Rasse und Qualität des Welpen. Soll der Hund lediglich als Familienhund dienen, sind Ausstellungserfolge seiner Eltern unwesentlich, denn der Charakter des Hundes hängt nicht von den Titeln seiner Eltern ab.

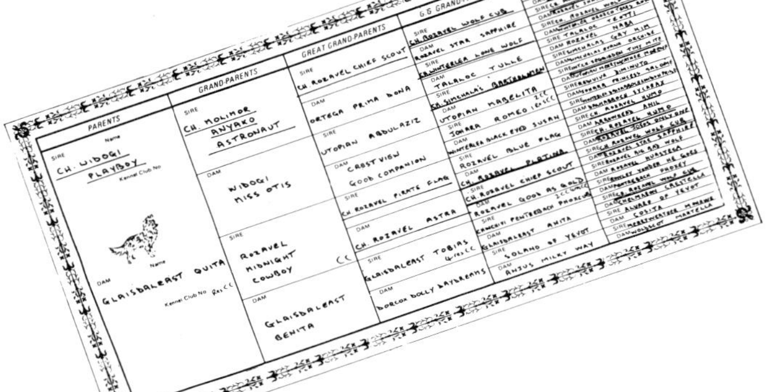

PARENTS
SIRE Name CH. WIBOGI PLAYBOY Kennel Club No
DAM Name GLAISDALEAST QUITA Kennel Club No Res CC
GRAND-PARENTS
SIRE CH. MOLIMOR ANYAKO ASTRONAUT
DAM WIBOGI MISS OTIS
SIRE ROZAVEL MIDNIGHT COWBOY CC
DAM GLAISDALEAST BENITA
GREAT GRAND-PARENTS
SIRE CH. ROZAVEL CHIEF SCOUT
DAM ORTEGA PRIMA DONA
SIRE UTOPIAN ABDULAZIZ
DAM CREST VIEW GOOD COMPANION
SIRE CH. ROZAVEL PIRATE FLAG
DAM CH. ROZAVEL ASTRA
SIRE GLAISDALEAST TOBIAS 4 res CC
DAM DORCOX DOLLY DAYDREAMS
G.G. GRAND-PARENTS
SIRE CH. ROZAVEL WOLF CUB
DAM ROZAVEL STAR SAPPHIRE
SIRE CH. WINTERLEA LONE WOLF
DAM TALALOC TULLE
SIRE CH. SIMCHALA'S BARTHOLOMEW
DAM UTOPIAN MABELITA
SIRE JOHARA ROMEO
DAM WINTERLEA BLACK EYED SUSAN
SIRE ROZAVEL BLUE FLAG
DAM CH. ROZAVEL PLATINA
SIRE CH. ROZAVEL CHIEF SCOUT
DAM CH. ROZAVEL GOOD AS GOLD
SIRE CAWCHIVI PENTREBACH PHOREUS
DAM GLAISDALEAST ANITA
SIRE SOLANO OF YEVOT
DAM ANJUS MILKY WAY
G.G.G. GRAND-PARENTS

Links unten: Ein englischer Stammbaum, wie ihn etwa der Dobermann, **Mitte,** haben könnte. **Rechts:** Der Lurcher ist das Resultat einer Kreuzung reinrassiger Hunde, während der Hund **rechts unten** schon mehrere Generationen von Mischeltern aufzuweisen hat.

Auch wenn das zukünftige Aussehen, die Größe und »Persönlichkeit« eines reinrassigen Hundes vorauszusehen sind, können auch manche Bastarde sehr schön sein. Sie entsprechen nur nicht einem Standardtyp und lassen sich in ihrer endgültigen Größe nicht abschätzen, solang sie Welpen sind. Sicher ist der Stammbaum ein Vorzug, wenn der Besitzer die Absicht hat, selbst zu züchten. Der Markt für reinrassige Welpen ist groß.

In den meisten Ländern gibt es für reinrassige Hunde ein Registrierungssystem, bei dem eine zentrale Organisation den Stammbaum bescheinigt. Wird ein Welpe als Haushund gekauft, muß er nicht registriert werden, doch besteht irgendeine Wahrscheinlichkeit, daß er einmal zur Zucht verwendet wird, sollte man ihn registrieren lassen.

In manchen Ländern werden einige Rassen, wie der Jack Russell Terrier und der Lurcher in Großbritannien, nicht von den zuständigen kynologischen Verbänden als Rassehunde anerkannt. Das kann sich in Zukunft einmal ändern, was das Beispiel des Border Collie zeigt, der in Großbritannien und in den Vereinigten Staaten vor kurzem anerkannt wurde.

Hundewettbewerbe

Oben: Bulldoggen-Wettbewerb beim »Ladies' Kennel Club«, Holland, Park House, Kensington 1896.
Links: Bei einer französischen Ausstellung wird festgestellt, ob der Whippet dem Idealmaß seiner Rasse entspricht.

Hunde bei Wettbewerben zur Schau zu stellen, ist in vielen Ländern üblich. Dafür wird eine Reihe verschiedener Wettbewerbe veranstaltet. Der häufigste Typ der Hundeschau ist eine Art Schönheitswettbewerb, bei dem die Hunde danach bewertet werden, ob sie weitgehend dem idealen Standard ihrer Rasse entsprechen. In den Vereinigten Staaten, Großbritannien und Australien z. B. ist Schönheit das einzige Bewertungskriterium, obwohl Hunde auch wegen Unarten in ihrem Verhalten ausgeschieden werden können.

Andere Wettbewerbe beurteilen die Hunde in erster Linie nach ihren Leistungen als Gebrauchshunde. Gehorsamkeitswettbewerbe werden immer beliebter; dabei werden Hunde verschiedenen Prüfungen unterzogen, z. B. ob sie auf Befehle, wie »Bei Fuß!«, »Sitz!«, »Warte!« und »Komm!«, zu reagieren imstande sind. Andere Prüfungen verlangen die Demonstration spezifischer Fähigkeiten, etwa Geruchsunterscheidungen: hierbei müssen die Hunde aus einem Haufen Lumpen einen parfümierten heraussuchen. Schäferhundprüfungen und Geländetests bei Jagdhunden bewerten die jeweilige rassespezifische Arbeitsqualifikation.

Trotz der zunehmenden Beliebtheit von Leistungsprüfungen sind die klassischen Hundewettbewerbe immer noch am verbreitetsten. Diese werden nicht in allen Ländern gleich gehandhabt, doch wurden fast überall die Regeln und Praktiken übernommen, die vom British Kennel Club eingeführt worden sind. Er wurde 1873 gegründet und war damals die erste nationale Organisation dieser Art. Der American Kennel Club ist heute die größte kynologische Organisation, in der jedes Jahr etwa eine Million Hunde registriert werden. Die Clubs auf dem europäischen Kontinent haben nationalen Status, sind außerdem aber einem internationalen Dachverband angeschlossen, der Fédération Cynologique Internationale, mit Sitz in Belgien.

Diese zentralen kynologischen Organisationen sind vor allem zuständig für die Kontrolle der Registrierung von Rassehunden, die Festlegung der Rassestandards, das Verfahren bei Hundewettbewerben und für die Preisverleihung.

Ist ein Hund bei einem großen Wettbewerb mehrere Male siegreich, erwirbt er damit zugleich für seine Rasse das Championat. Die Bedingungen für die Erlangung des Championats sind jedoch in allen Ländern verschieden. Schneidet ein Hund

Cruft's Hundeschau

Die wohl berühmteste Ausstellung fand erstmals 1886 statt und stand unter dem Patronat der Queen Victoria. Heute wird die Cruft's Show vom englischen Kennel Club veranstaltet. **Oben:** Die große Ausstellungshalle im »Olympia«. Der Andrang ist heute so groß, daß sich die Hunde erst bei anderen Wettbewerben qualifizieren müssen, um bei Cruft's zugelassen zu werden. **Unten:** Begehrte Medaillen.

als Bester seiner Rasse ab, kann er an dem Wettbewerb für den Besten seiner Gruppe teilnehmen. War er wieder erfolgreich, kommt er in die Endausscheidung des überhaupt besten Hundes.

Bei all diesen Wettbewerben spielt natürlich das Urteil des Schiedsrichters eine entscheidende Rolle. Er wird immer eine mündliche oder schriftliche Begründung seines Urteils abgeben müssen. In einigen Ländern macht er es von selbst, in anderen nur, wenn er darum gebeten wird. Die besten Hunde sind immer die, die unter verschiedenen Richtern eine Reihe aufeinanderfolgender Wettbewerbe gewinnen.

Register

Die Zahlen in Klammern beziehen sich auf die Illustrationen.

A

B

C

D

E

F

G

H

I

J

Bildnachweis
Australian News and Information Service 17 (o. l.), 102 (u. l. und o. l., Fotograf Eric Wadsworth; Barnaby's Picture Library 106–7 (u.); Alan Beck 83 (r.); Mike Buselle 60; Crown Copyright 24–5, 31, 53, 66, 107 (r.: o. und u.); Anne Cumbers 42 (r.: o., m. und u.), 43 (l.: o. und u.), 95 (o. und u.), 103 (o.), 149 (o. l.), 151 (u. r.), 155 (o.); Sandy Davidson 30, 98 (l.: o. und u.); Jean Paul Ferrero 2–3, 8–9, 32 (u.), 33 (o. und u.), 42 (u. l.), 45 (r.), 46–7, 52–3, 54, 82–3, 94 (u. r.), 96–7 (o.), 100–1, 144–5, 152–3, 154–5 (m.); The Fotomas Index (155 u. r.); Michael Freeman 150–1; Frank W. Lane 12–3, 98–9 (u.); The Mansell Collection 14 (l. und r.: o. und u.), 15 (o. l. und u.: l., m. und r.), 16 (l.), 24 (o. l.), 94 (1.), 99 (o.); Eadweard Muybridge 44–5 (o.); National Portrait Gallery 12; Novosti Press Agency 17 (u.: l. und r.), 70 (o.), 150 (l.); P. Ploquin 37 (o. l.), 58–9, 65 (o.), 72, 88–9, 124–5; Rex Features Ltd. 20 (o. l.), 21 (u. l., Fotograf David McEnery); Roy Miles Fine Paintings 25 (o. r.); Kay und Harold White 154 (l.); Trevor Wood 19, 20 (r.: o. und u.), 21 (o.: l. und r.), 22, 23, 27, 29, 32 (o.), 34–5, 37 (r.: o. und u.), 38, 50–1, 55, 57 (o.), 61, 62, 63, 67, 68–9, 70 (u.: l., m. und r.), 71 (o.), 73, 74, 75, 77 (l.), 78, 80–1, 84–5, 86–7, 89, 90–1, 92–3, 97 (r.), 103 (u.: l. und r.), 104–5 (u.), 105 (r.), 108–9, 111, 112–3, 114–5, 116, 117, 118–9, 120, 122, 123, 126, 127, 128–9, 130–1, 132 (o.), 133 (o. r.), 134, 135, 136 (l. und r.), 137 (o.: l. und r.; u.: l. und r.), 138–9, 140, 151 (o. r.), 153 (r.: o. und l.).

Illustrationen, Landkarten und Diagramme
Nick Farmer 10–1 (Globen); Elaine Keenan 10–1 (Hunde), 44 (u.); Edwina Keene 15 (o. r.), 149 (o. r.); Edward Kinsey, Ideen für 10–1, 12; Penny Lewis 142–3 (graphische Darstellung); Juliette Stanwell-Smith 12, 36 (u.), 39 (r.: o. und m.; u.: l. und r.), 40 (Kasten), 41 (Kasten), 43 (r.: Kasten), 48 (Kasten), 50 (u.: l. und r.), 51 (u.: l. und r.), 56 (l. und r.), 57 (l., m. und r.), 64 (l. und r.), 65 (u.: l. und r.), 71 (u.: l. und r.), 76 (o.: l. und r.; u.: l. und r.), 77 (m. und r.), 79 (o.: l. und r.; u.: l. und r.), 81 (m. und r.), 90 (l.: o., m. und u.), 96 (u.: l., m. und r.), 97 (u.: l., m. und r.), 104 (o.: l. und r.), 105 (o.: l. und r.), 110 (l.: o., m. und r.), 113 (r.: o., m. und u.), 115 (r.), 121, 129 (r.), 132 (u.: r. und l.), 133 (u.: l., m. l., r. und m. r.), 138 (l.: o., m. und u.), 142, 143 (l. und r.), 146–7 (Hunde); Alan Suttie 40–1, 49 (o. und u.); John Woodcock 149 (u. l.); David Worth 12, 17 (o. l.), 18, 51 (o. r.), 141 (r.), 146–7 (Diagramm), 148 Stammbaum, zur Verfügung gestellt durch Frau W. M. Gillcott, Yetagen Chihuahua.